KB106926

조선총독부 편찬(1939-1940)

초등국어독본

〈1~2학년용〉

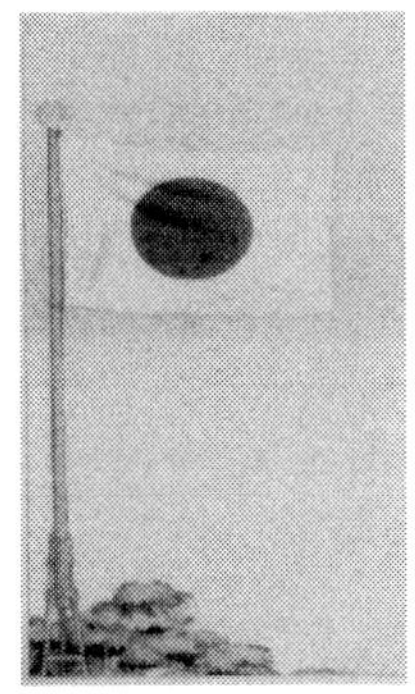

사희영 編譯

Publishing Company

편역자 사희영 史希英

소속 : 전남대 일문과 강사, 한일 비교문학 일본근현대문학 전공
대표업적 : ① 논문 : 「일제강점기 초등학교 『地理』교과서의 변화 考察」,
『일본어문학』 제67집, 한국일본어문학회, 2015년 12월
② 저서 : 『『國民文學』과 한일작가들』, 도서출판 문, 2011년 9월
③ 편역서 : 『잡지 『國民文學』의 시 세계』, 제이앤씨, 2014년 1월
④ 공저 : 『한국인 일본어 문학사전』, 제이앤씨, 2018년 12월

조선총독부 편찬 (1939-1940)
초등국어독본 〈1~2학년용〉

초판인쇄 2023년 12월 19일
초판발행 2023년 12월 29일

편 역 자 사희영
발 행 인 윤석현
발 행 처 제이앤씨
등록번호 제7-220호
우편주소 서울시 도봉구 우이천로 353
대표전화 (02) 992-3253
전 송 (02) 991-1285
전자우편 jncbook@daum.net

ISBN 979-11-5917-239-7 (93370) 정가 22,000원

이 저서는 2022년 대한민국 교육부와 한국연구재단의 지원을 받아 수행된 연구임.
(NRF-2022S1A5B5A16051958).

總 目 次

권 1(1학년 1학기, 1939)

※목록과 페이지 표기 없음.

권 2(1학년 2학기, 1939)

목 록

권 3(2학년 1학기, 1940)

목 록

권 4(2학년 2학기, 1940)

목록

서문

근대가 되면서 동서양에서는 '국가'라는 개념을 중시하며 정치권력의 중앙집권 체제를 구축하였고, 각국은 공통의 역사, 언어, 문화를 토대로 하여 지리적 영토경계를 규정지으며 민족주의를 앞세워 국민을 수용하고 부강한 국가를 설립하기 위한 다양한 노력을 시행하게 된다.

그리고 국민에 대한 권리와 의무를 명시하고 규제하며, 근대 국가조직 속에 국민을 사회구성원으로 통합시키기 위한 통치 구조, 법체계, 사회 제도를 확립하는 등 다양한 정책을 시행하게 되는데 그중 하나가 국민교육이다. 국민교육으로 민족, 역사, 언어, 문화 등 그 지역 내 공유된 경험을 통해 형성된 상징적 개념을 국가 정체성으로 자리매김해 국가정책에 부합한 국민을 양성하였다. 획일화된 국민교육을 위해 국민에게 기본적인 교육을 제공하는 의무교육을 실시하였으며, 교육시스템 안에서 통합된 이데올로기 교육을 시행하였다.

특히 국민을 양성하는 교육매체인 교과서는 국가가 정한 커리큘럼에 의해 국가가 양성하고자 국민의 모습이 담겨있다고 할 수 있다.

한국의 근대인 일제강점기의 초등학교 교과서를 살펴보면, 조선어 대신 일본어를 '국어(國語)'로서 위치시키고 식민지 조선인을 일본제국에 부합한 '황국민(皇國民)'으로 양성하고자 한 의도를 잘 살펴볼 수 있다. 일제강점기에 조선총독부가 편찬하여 사용한 초등학교 교과서는 여러 차례 개정되었다. 당시 사용된 국어 국정교과서는 〈제1차 조선교육령〉(1911)에서부터 제 4차 조선교육령에 전시교육령기를 거치며, 제1기 『普通學校國語讀本』, 제2기 『普通學校國語讀本』, 제3기 『普通學校國語讀本』, 제4기 『初等國語讀本』, 제5기 『ヨミカタ』, 『初等國語』로 출판되었다.

식민지기에 사용된 국어 교과서는 2000년대에 이르러 초등교과서 원문 복원 차원에서 전남대학교 일어일문학과 근현대문학교실팀에 의해 제이앤씨에서 발간되었다. 또한 그와 관련한 다양한 교과서의 연구들도 진행되어 왔다.

김순전 명예교수님이 이끌었던 전남대학교 일어일문학과 근현대문학교실팀의 원문서 출간 및 연구는 식민권력에 의해 제작된 교육매체인 교과서가 어떤 구성을 가지고, 어떻게 변용된 내용과 개념을 담아 조선아동을 '황국의 도(道)에 의해 연성된 국민'으로 양성하려고 하였는지를 명확하게 보여주는 실제적이고 구체적인 자료가 되었다고 사료된다.

그 중 제4기의 『初等國語讀本』은 〈제3차 조선교육령〉의 내선일체와 황국신민화에 중점을 두고, 미나미 지로 총독의 3대 교육강령인 국체명징, 내선일체, 인고단련을 배경으로 한 교과서로 1939년부터 1941년에 걸쳐 1~3학년용 전 6권이 발간되었다. 4~6학년용(6권)은 제2기 때와 마찬가지로 일본 문부성 편찬의 『小學國語讀本』을 사용하였다.

전남대학교 김순전 명예교수님의 작업으로 국어 국정교과서를 비롯한 음악과 수신 및 지리와 역사 과목의 초등교과서 번역이 이뤄졌지만, 제4기 『初等國語讀本』은 번역되지 못하고 방치되고 말았다. 이를 안타까이 여기던 차에 한국연구재단의 지원을 받아 본 작업을 진행하게 되었다.

번역 발간 작업을 기꺼이 허락해주시고 많은 응원을 해 주신 김순전 은사님과 미흡한 자료를 출판할 수 있도록 도움을 주신 제이앤씨 윤석현 사장님께 감사의 말씀을 전한다.

더불어 근대교과서 작업에 동참하여 많은 시간 근대에 관한 이야기를 나누고 희노애락을 함께하며 연구하였던, 지금은 이 세상에 함께 하지 못한 동료 박경수 선생님을 기억하며 이 책 출판을 마무리한다.

2023년 12월

사희영

≪『初等國語讀本』 번역서 凡例≫

1. 원본은 세로쓰기이나 번역본은 편의상 좌로 90도 회전하여 가로쓰기로 하였다.

2. 원본의 상란은 좌란으로 하였다.

3. 원본은 卷一부터 卷四까지 조사 띄어쓰기가 되어 있으나 번역서의 경우는 내용 이해를 돕기 위해 띄어쓰기를 하지 않았다.

4. 일본의 문화를 나타내는 고유명사는 일본어 독음 그대로 한국어로 표기하였다.

5. 삽화는 최대한 교과서 체제에 맞추었으나 편집상 약간의 크기 변화가 있다.

조선총독부편찬

초등국어독본 권1

제1학년 1학기

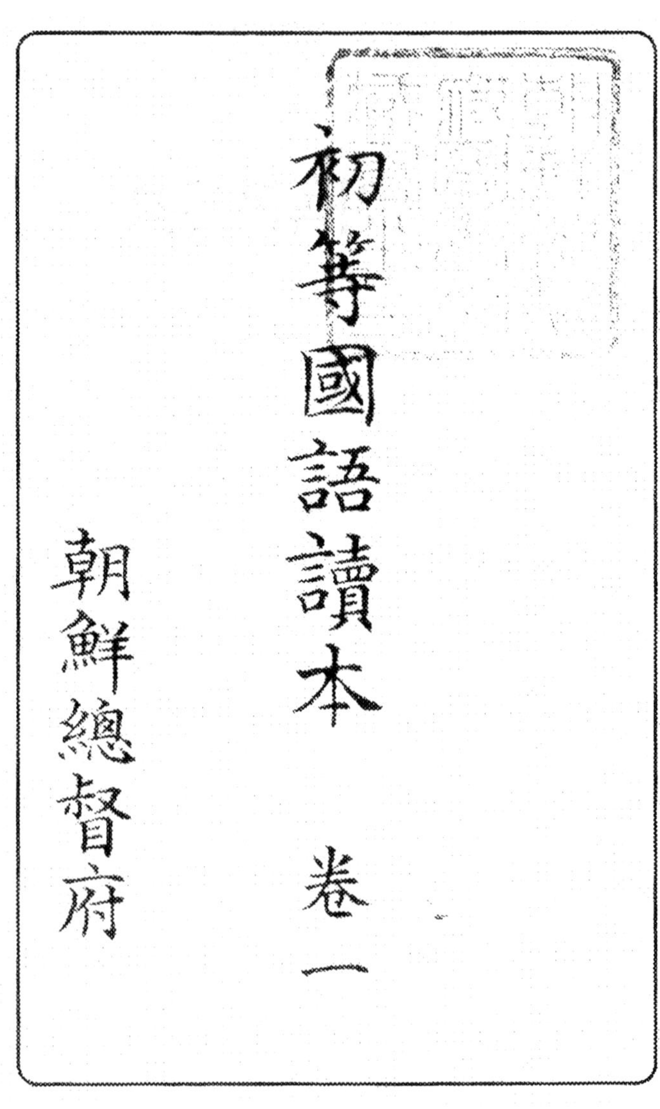

初等國語讀本 卷一

朝鮮總督府

초등국어독본 권1

※목록과 페이지 표기 없음.

일장기
일장기

논
밭

산 강 다리

빨간 공
하얀 공

빨간색 이겨라
하얀색 이겨라

	어미 개 아기 개 오너라 오너라 오너라 
테니	비둘기 비둘기 콩을 줄 테니 내려 오너라

달	나왔다 나왔다 달이 둥근 달이

토끼 귀	길다 길다 토끼의 귀

진군하라 진군하라
병사 진군하라

옵니다 외출하였습니다	"아버지, 다녀오겠습니다." "어머니, 다녀오겠습니다." 세이키가 외출하였습니다. 

	학교가 보입니다. 모두가 힘차게 잘 걸어서 갑니다. 

"선생님, 안녕하세요."
"예, 안녕하세요."

종입니다 자 모입시다	땡, 땡, 땡 종이 울렸습니다. 시작 종입니다. "자-모입시다."

<table>
<tr><td></td><td>아침 체조 좋은 기분
팔을 뻗으면 좋은 기분
햇님 방실방실
좋은 기분
</td></tr>
</table>

<table>
<tr><td>펼치세요</td><td>"여러분, 책을 펼치세요.
구니오, 읽으세요."
</td></tr>
</table>

	엉금엉금 벌레 벌레 달팽이 뿔을(큰 더듬이를) 내놓아라 창을(작은 더듬이를) 내놓아라 눈을 내놓아라 

하고 있습니 다	구니오와 유키치가 공놀이를 하고 있습니다. 

유키치가 자동차
그림을 그렸습니다.
하나코가 햇님
그림을 그렸습니다.

“선생님, 안녕히계세요.”
“선생님, 안녕히계세요.”
“잘 가요. 내일은 쉬는 날
입니다.”

구니오가 학교에서 돌아왔습니다.
"아버지, 다녀왔습니다."
"어머니, 다녀왔습니다."

비행기 비행기
  후쿠야, 빨리 나와 보렴.
비행기 빠르구나.

강이 있습니다.
아름다운 강입니다.
여자들이 옷을 빨고 있습니다.

건너편에 소가 있습니다.
풀을 먹고 있습니다.

구니오가 형과
물고기 잡이를 하고 있습니다.
형이 그물로 받치고 있습니다.
구니오가

물고기를 쫓고 있습니다.
물가에서 준코가 보고 있습니다.

푸우-하고 부풀은 비눗방울
뱅글뱅글 돈다
빨간색이 나타난다
뱅글뱅글 돈다

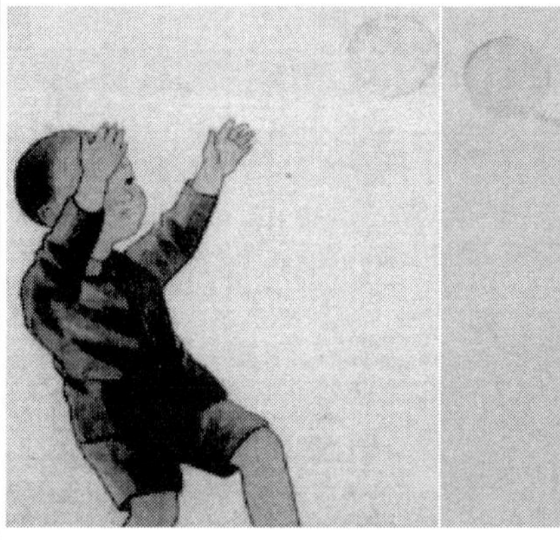

파란색이 나타난다
두둥실 떠서
어디로 가나.
바람에 흔들려
　획 사라진다

오늘 아침은 빨리 일어났습니다.
누나와 신사에 참배하러
갔습니다.
돌아오는 길에 유키치와
만났습니다.

일이삼사오육칠팔구십

매미를 잡았습니다.
몇 마리 잡았는지
세어 봅시다.
　일, 이, 삼, 사, 오
육, 칠, 팔, 구, 십
모두해서 열 마리 있습니다.

"여보세요, 여보세요,
하나코입니까?"
"예, 그렇습니다."
"저는 후미코입니다.
지금 기누코가

와 있습니다.
당신도 놀러
오지 않으시겠습니까?"
"예, 고마워요.
바로 가겠습니다."

하나코가 친구와
줄넘기를 하고 있습니다.
　준코와 기누코가 돌리고
있습니다.
후미코가

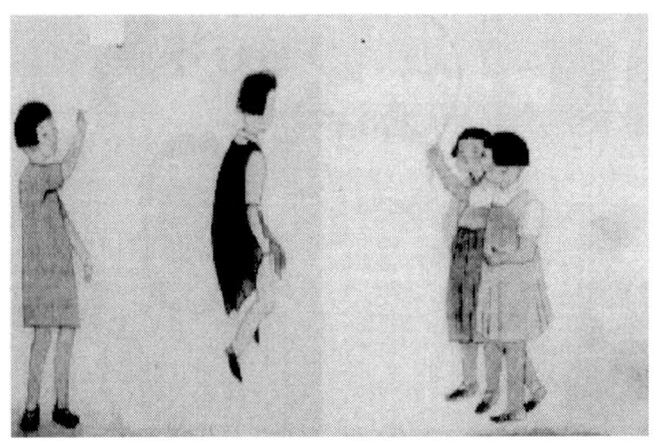

뛰고 있습니다.
　한 번, 두 번, 세 번,
네 번, 다섯 번
다섯 번 뛰었습니다.
이번에는 하나코의 차례입니다.

해바라기가 피었습니다.
노랗고, 커다란 꽃입니다.
모두
햇님 쪽으로

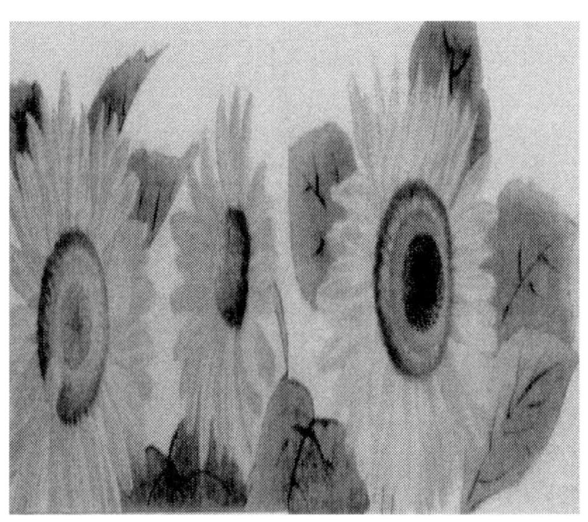

향해 있습니다.
금색 접시처럼
반짝이고 있습니다.

토끼하고
거북이가
경주를 하였습니다.
토끼는
도중에
낮잠을 잤습니다.

쉬지않다

거북이는
쉬지 않고
달려갔습니다.
결국
거북이가
이겼습니다.

사자가 자고 있었습니다.

자고있었습니다

쥐가 사자의 옆을 지나갔습니다.
사자가 잠을 깨어서,

눈

커다란 다리로 쥐를 막았습니다.

큰

쥐는 깜짝 놀라

놓아주세요

"부디 놓아 주세요."
하고 부탁하였습니다.
사자는 쥐를 놓아주었습니다.

도망갈 수 없었습니다	2, 3일이 지나서, 사자가 올가미에 걸렸습니다. 어떻게 해도 도망갈 수 없었습니다. 사자는 큰 소리로 신음하였습니다. 쥐는 그 소리를 듣자마자, 바로 다가왔습니다. "사자님, 도와 드릴께요." 쥐는 열심히 올가미의 두꺼운 포승줄을 물어 끊었습니다. 사자는 기뻐하며 "쥐님, 고마워요." 하고 감사인사를 하였습니다.

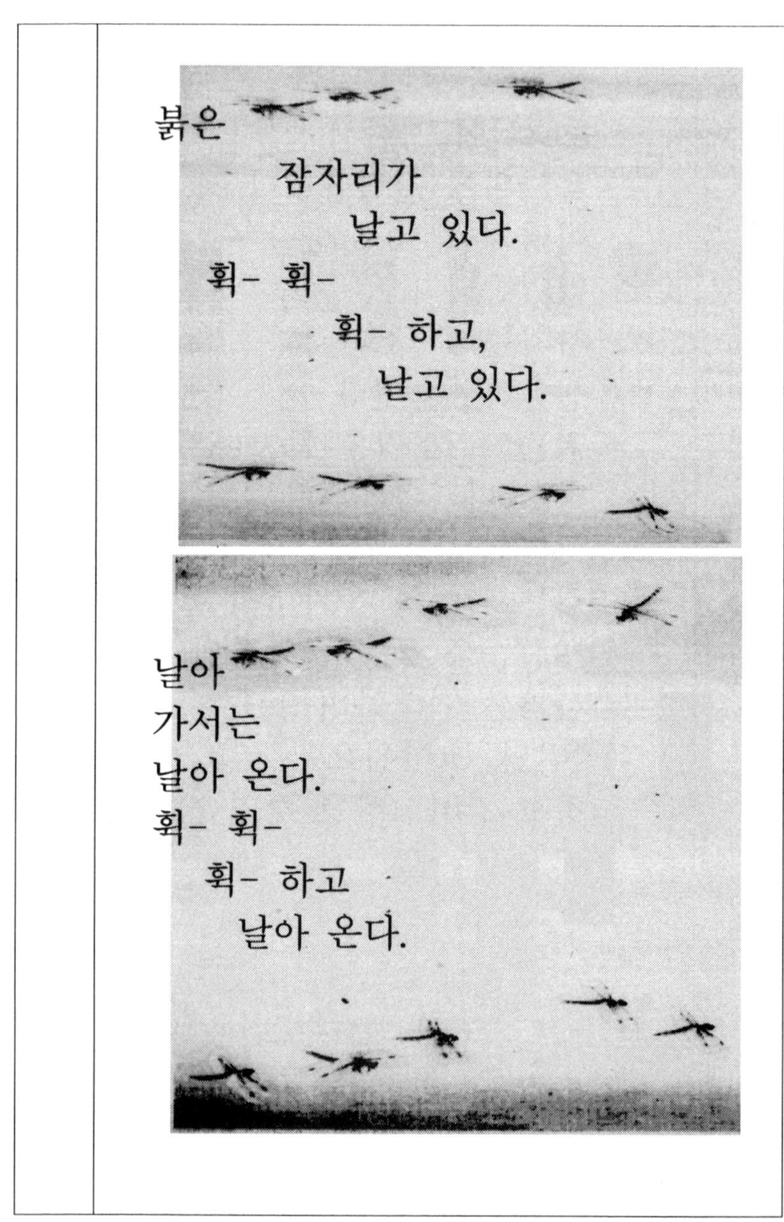

붉은
잠자리가
날고 있다.
휙- 휙-
휙- 하고,
날고 있다.

날아
가서는
날아 온다.
휙- 휙-
휙- 하고
날아 온다.

산

강

옛날 옛날, 할아버지와 할머니가 있었습니다. 할아버지는 산으로 땔나무를 구하러 갔습니다. 할머니는 강으로 빨래를 하러 갔습니다.
할머니가 강에서 빨래를 하고 있자, 커다란 복숭아가 떠내려 왔습니다.

할머니는 그 복숭아를 주워서
집으로 돌아갔습니다.
할아버지가 산에서 돌아왔습니다.
할아버지는 복숭아를 보고,

둘

"야! 커다란 복숭아다."
라며, 기뻐하였습니다.
할머니가 복숭아를 자르려고 하였습니다. 그러자 복숭아가 두 개로 벌어지고, 안에서 커다란 남자 아이가 태어났습니다.

할아버지는 그 아이에게 모모타로라고 이름을 지어주었습니다.
모모타로는 점점 커서 매우 강하게 되었습니다.

날	어느 날, 모모타로는 할아버지와 할머니에게, "저는 오니가시마로 괴물을 퇴치하러 갈 테니까 기비단고를 만들어 주세요." 하고 부탁하였습니다.  할아버지와 할머니는 단고를 만들어 주었습니다. 모모타로는 힘차게 집을 나섰습니다.

개 잠시 가자, 개가 왔습니다.
"모모타로씨, 모모타로씨 어디에 가십니까?"
"오니가시마에 괴물 퇴치하러."
"허리에 찬 것은 무엇입니까?"
"일본 제일의 기비단고."
하나 "하나 주세요. 함께 갑시다."
모모타로는 개에게 단고를 주었습니다.
개는 신하가 되어 따라 갔습니다.
조금 가자 원숭이가 왔습니다.
"모모타로씨, 모모타로씨 어디에 가십니까?"

"오니가시마에 괴물 퇴치하러."
"허리에 찬 것은 무엇입니까?"

"일본 제일의 기비단고."
"하나 주세요. 함께 갑시다."
원숭이도 단고를 받고 신하가 되었습니다.
개와 원숭이를 데리고, 조금 가자 꿩이 왔습니다.

"모모타로씨, 모모타로씨 어디에 가십니까?"

"오니가시마에 괴물 퇴치하러."
"허리에 찬 것은 무엇입니까?"
"일본 제일의 기비단고."
"하나 주세요. 함께 갑시다."
꿩도 단고를 받고 신하가 되었습니다.

모모타로는 개, 원숭이, 꿩을 데리고 오니가시마에 도착하였습니다.

괴물은 철문을 닫고 성을 지키고 있었습니다.
모모타로는 문을 부수고 쳐 들어갔습니다.
꿩은 날아다니며 괴물의 눈을 쪼았습니다.
원숭이와 개는 세게 할퀴거나 달려들어 물거나 하였습니다.
모모타로는 괴물 대장과 상대하였습니다.

괴물 대장은 열심히 싸웠지만 결국 항복하였습니다.
"더 이상 결코 나쁜 짓은 하지 않겠습니다. 부디 용서해 주세요."
하고 부탁하였습니다.
모모타로는 괴물을 용서해 주었습니다.

괴물은 답례로 여러 가지 보물을 꺼내 놓았습니다.
모모타로는 보물을 가지고 오니가시마를 철수하였습니다.

보물을 쌓은 수레를 개가 끕니다.

원숭이가 뒤를 밉니다. 꿩이 밧줄을 끕니다.

"영차"

"영차"

하고 힘차게 돌아왔습니다.

할아버지와 할머니는 매우 기뻐하며 모모타로를 맞이하였습니다.

昭和十四年三月五日翻刻印刷
昭和十四年三月十日翻刻發行

初等國語一

定價金十二錢

著作權所有

著作兼發行者　朝鮮總督府

京城府大島町三十八番地
翻刻發行兼印刷者　朝鮮書籍印刷株式會社
代表者　井上主計

京城府大島町三十八番地
發行所　朝鮮書籍印刷株式會社

조선총독부편찬

초등국어독본 권2

제1학년 2학기

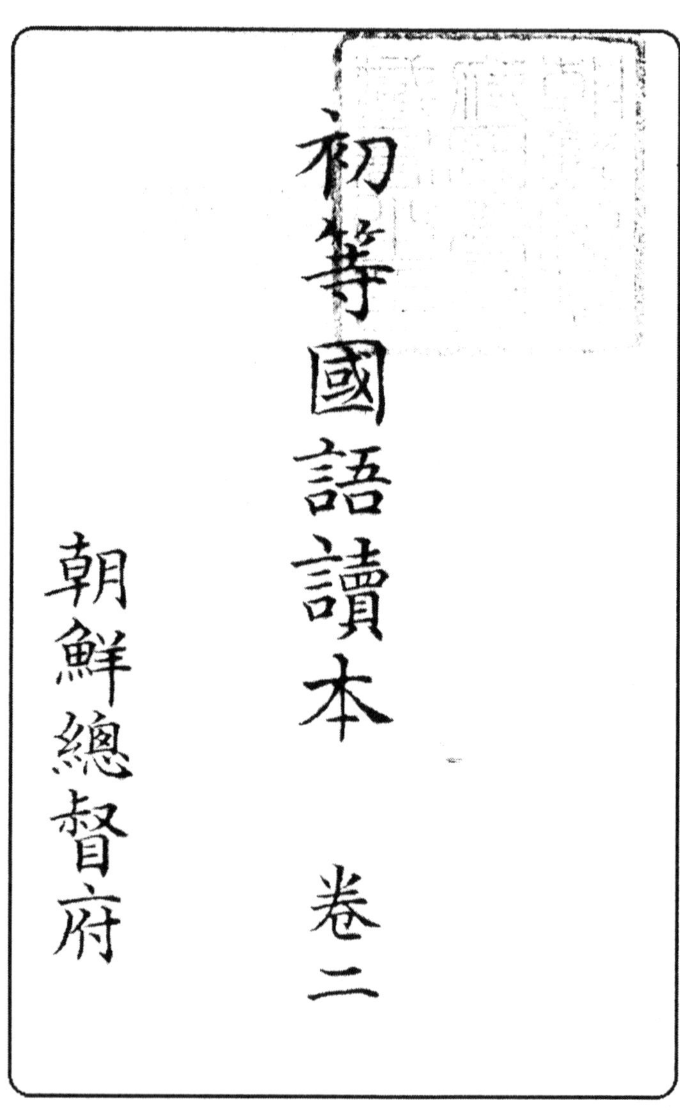

初等國語讀本 卷二

朝鮮總督府

권 2(1학년 2학기, 1939)

목 록

[1] 소리개

솔개 삐요- 삐요- 하늘 위.

동그랗고 커다랗게

원을 그리며

삐요- 삐요- 울고 있네.

솔개 삐요- 삐요- 높은 하늘.

날씨는 좋지요.

솔개님

내일은 즐거운 소풍이지요.

[2] 산 정상

<table>
<tr>
<td>위에
로부터

운동장
에서
보다</td>
<td>산 정상에서 마을도 논도 한눈에 보입니다.
동구 밖의 학교는, 상자를 세워 놓은 듯 합니다.
운동장에서, 놀고 있는 아이는 개미와 같이 보입니다.

벼는 노랗게 되어,
벌써 벼 베기가
시작되었습니다.
논 건너편을
기차가 달리고 있습니다.
길고 긴 기차입니다.</td>
</tr>
</table>

[3] 벼 베기

	오늘은 우리집 벼 베기 날입니다. 하늘은 파랗고 맑습니다.
자르고 계셨습니다.	아버지와 형이 자르고 계셨습니다.
길다	어머니는 나르고 있습니다. 걸을 때마다 긴 벼가 흔들흔들 흔들립니다.
보렴 말씀하셨습니다	내가, "어머니, 무겁지요" 하고 말하자, 어머니는
나	"꽤 무겁구나. 이 이삭을 보렴."하고 말씀하셨습니다. 나는 긴 이삭을 잡아 보았습니다.

[4] 운동회

운동회였습니다	어제는 운동회였습니다. 달리기 할 때 가슴이 두근 두근 하였습니다.
넘어졌지만	도중에 넘어졌습니다만, 바로 일어나 달려갔습니다.
빨강	한낮의 박 터뜨리기는 우리 빨간팀이 이겼습니다.

	선생님들의 큰 공굴리기 때는 모두 박수를 치며 즐거워하였습니다.
손	저녁 식사 때, 어머니가
	“오늘은 건강하게 잘 달렸어”
칭찬해 주셨습니다	하고 칭찬해 주셨습니다.

[5] 전쟁 놀이

뒷쪽의 소나무 산에서 전쟁놀이를 하였습니다.

다케와 다이겐이 부대장이 되었습니다.

솔방울 폭탄을 던지며 싸웠습니다.

다케의 남동생인 마사에게 폭탄이 떨어졌습니다.

마사는 “전사”라고 말하고 쓰러졌습니다.

	에이시가 "정신 차려"라고 말하며 일으켜 세웠습니다.
	다이겐이 "돌진"하고 말하였습니다.
흔들면서	나는 일장기를 흔들며 적의 진지에 뛰어들어 갔습니다.
때문에	저녁때가 되었기 때문에 모두 멈추고 돌아갔습니다.

[6] 기러기

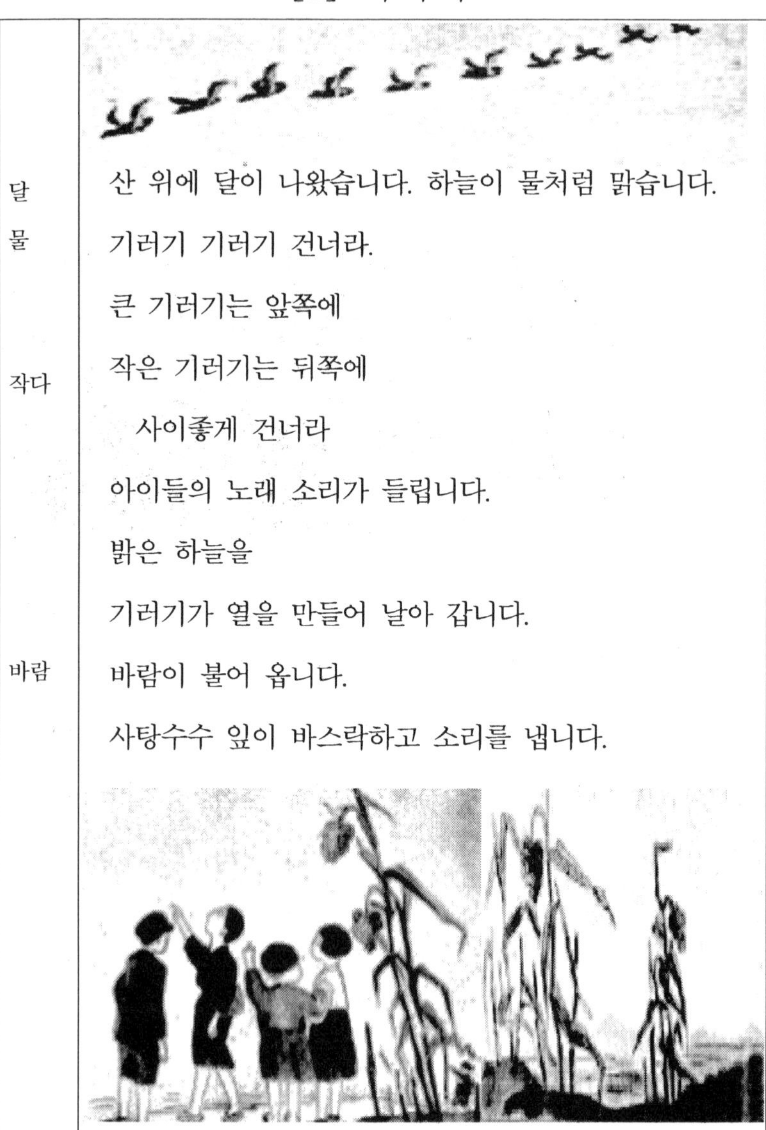

달	산 위에 달이 나왔습니다. 하늘이 물처럼 맑습니다.
물	기러기 기러기 건너라.
	큰 기러기는 앞쪽에
작다	작은 기러기는 뒤쪽에
	사이좋게 건너라
	아이들의 노래 소리가 들립니다.
	밝은 하늘을
	기러기가 열을 만들어 날아 갑니다.
바람	바람이 불어 옵니다.
	사탕수수 잎이 바스락하고 소리를 냅니다.

[7] 귀뚜라미

아래	오빠는 전등 아래에서 복습을 하고 있습니다. 남동생은 쌔근쌔근 자고 있습니다. 재봉을 하고 계신 어머니가, "에이시야 귀뚜라미가 울고 있구나"하고 말씀하셨습니다. 귀뚤 귀뚤, 귀뚤 귀뚤 책꽂이 뒤쪽인 듯 합니다. 귀여운 소리입니다. 오빠가 "어디일까?"하고 일어서자, 귀뚜라미는 우는 소리를 그쳤습니다. 귀뚤 귀뚤, 귀뚤 귀뚤 잠시 있자 다시 울기 시작하였습니다. 

[8] 끝말잇기

다이겐 “끝말잇기 하며 놀아요. 마사오부터 시작해 주세요.”

마사오 “좋아, 공놀이(마리나게)”

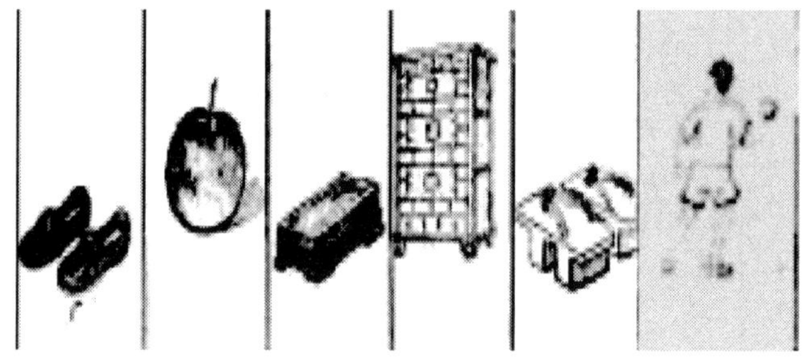

유미코 “나막신(게타)”

에이시 “춤(단스)”

다케오 “방울(스즈리)”

유키치 “리 이지”

다케오 “맞아요. 스즈리 이니까요”

유키치 “사과(링고)”

다이겐 "고무신(고무구츠)"

마사오 "제비(쓰바메)"

유미코 "안경(메가네)"

에이시 "쥐(네즈미)"

유키치 "다시 '미' 이네요. 귤(미칸)"

다이겐 "응 입니까? '응' 은 곤란해요."

유키치 "빨리, 빨리"

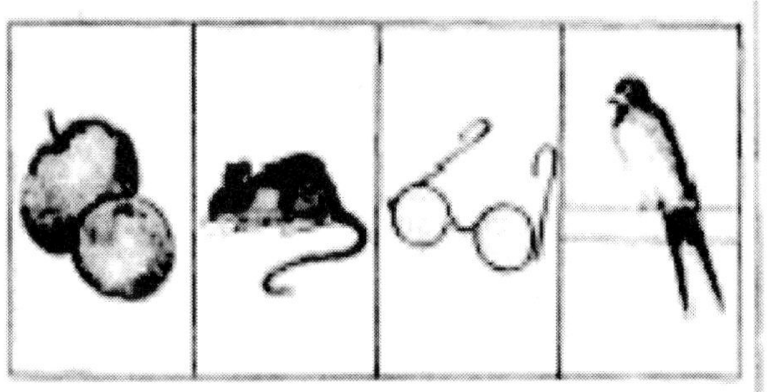

[9] 서리 내린 아침

	유키치에게 권유받아 집을 나섰습니다. 밖은 서리로
하얗다	새 하얗습니다.
오다	동구 밖에, 고쇼쿠가 기다리고 있었습니다.
	고쇼쿠가,
	"모두 다 모였네. 자-가자"
	하고 말하고 선두에 섰습니다.
	바람은 없지만, 추운 아침입니다.
	얼마 안 되어 다리가 있는 곳에 왔습니다.
	다리 위는 마치 눈이 내린 듯 합니다.

하얀 서리 위에 작은 신발 발자국이 나 있습니다.

고쇼쿠가

"자, 구보다"

하며 뛰기 시작했습니다. 우리들은 뒤를 따랐습니다.

이윽고 학교가 보이기 시작했습니다. 모두는

"하나, 둘, 하나, 둘"하고 구호를 붙이면서 힘차게 달렸습니다.

[10] 개구리 겨울잠

어제 학교에서 돌아오자, 아버지가 마당 구석을 파고 계셨습니다.

"아버지, 무엇을 심고 계시는 것입니까?"

하고 여쭈어보자,

"심는 것이 아니야. 다알리아의 뿌리를 묻어 둘 구멍을 파고 있는 것이야."

하고 말씀하셨습니다.

보고 있으려니 땅속에 움직이는 것이 있습니다.

몽둥이로 찌르자, 다리를 뻗었습니다. 개구리입니다.

개구리가 몸을 둥글게 하고 땅덩어리처럼 되어 있는 것입니다.

"아버지, 이 개구리는 어떻게 된 것인가요?"

"자고 있는 것이야"

"낮에 자고 있는 것은 이상하네요"

"벌써 추워졌기 때문이야"

파고 있었습니다

묻어두다

땅

"추워지면 개구리는 자는 것입니까?"

"그래, 겨울 동안 개구리는 아무것도 먹지 않고 자고 있는 것이야"

"아버지, 아무것도 먹지 않으면 죽지 않습니까?"

"죽지 않고, 봄 이 되면 땅속에서 나오는 것이야."

"이상하네요"

"정말로 이상하지. 곤충들은 아직도 이상한 일이 많이 있어"

[11] 혹부리 할아버지

오른쪽	오른쪽에 커다란 혹이 있는 할아버지가 있었습니다.
나무	어느 날, 산에서 나무를 자르고 있자 비가 내렸습니다. 할아버지는 나무 구덩이에 들어가 비가 개이는 것을 기다리고 있었습니다. 할아버지는 어느새인가 잠들고 말았습니다. 잠에서 깨었을 때는 벌써 저녁으로, 비는 완전히 그쳐 있었습니다. 보니 할아버지가 숨어있는 나무 앞에 많은 귀신이 모여서 춤을 추고 있었습니다. 할아버지는 보고 있는 동안에 춤을 추고 싶어 참을 수가 없었습니다. 무서운 것도 잊고 나무 구멍에서 뛰어 나왔습니다. 귀신은 깜짝 놀랐습니다. 할아버지는 노래를 부르면서 열심히 춤을 추었습니다.

대	귀신은 "이것 참 재미있네." "이것 참 재미있네." 하고 말하고, 박수를 치며 기뻐하였습니다. 귀신대장은 할아버지에게 "앞으로도 때때로 와서 춤을 춰 주세요."하고 말하였습니다. 할아버지는 "좋아요. 다음에는 더욱 능숙하게 춤을 춰 보일게요."하고 말하였습니다. 귀신대장은 매우 기뻐하였습니다. 모두와 의논하여 "이번에 와 줄 때까지 할아범의 오른쪽에 있는 혹을 맡아두지."하고 말하였습니다.

왼쪽	할아버지는 "이것은 중요한 혹입니다. 맡길 수 없습니다."하고 아까운 듯 말하였습니다. 귀신 대장은 할아버지의 혹을 떼어 버리고 말았습니다. 날이 새었습니다. 귀신은 어디에도 없었습니다. 할아버지는 꿈을 꾼 것이 아닌가 하고 생각했습니다.  오른쪽을 만져보았습니다. 왼쪽을 만져보았습니다. 오른쪽에도 혹은 없었습니다. 왼쪽에도 혹은 없었습니다.

[12] 손님 놀이

	데이시와 미쓰코가 손님놀이를 하고 있습니다.
	데이시가 손님이 되어 왔습니다.
	데이시 "실례합니다."
어서오세요	미쓰코 "어서 오세요."
	미쓰코는 데이시를 방으로 안내하였습니다.
	데이시 "안녕하세요."
잘 오셨습니다	미쓰코 "잘 오셨습니다."
	미쓰코는 차와 과자를 가져왔습니다.
	미쓰코 "어서 드세요."
	데이시 "고맙습니다."

[13] 나의 인형

나의 인형은
귀여운 인형.
내가 노래를
불러 주면,
항상 싱글벙글
웃습니다.
나의 인형은
귀여운 인형
내가 아무리
화가 나 있어도
역시 싱글벙글
웃고 있습니다.

[14] 장보기

	"안녕하세요"
	"어서 오세요."
	"연필을 주세요."
	"거기에 있으니까 보세요."
	"이것은 얼마입니까?"
	"2전입니다. 꽤 잘 써집니다."
주세요.	"그러면 이것을 살께요. 그리고 학습장을 한권 주세요."
드릴까요	"어떤 학습장을 드릴까요?"
	"독본 학습장을 주세요."
	"예, 이것은 5전입니다."
	"그러면 10전으로 계산해 주세요."
	"모두 해서 7전입니다. 잔돈은 3전입니다."
	"안녕히 계세요."
	"안녕히 가세요. 고맙습니다."

[15] 쥐 시집보내기

태어나다	쥐의 새끼가 태어났습니다.
	점점 자라서, 좋은 아가씨가 되었습니다.
	아버지도 어머니도 모두 기뻐하며,
아이 사람	"정말 좋은 아이다. 이렇게 좋은 아이를 쥐의 아내로 보내는 것은 아깝다. 세상에서 가장 잘난 사람의 아내로 보내고 싶다."고 생각하였습니다.
	아버지와 어머니는 의논하여 햇님에게 시집 보내기로 하였습니다.
	아버지는 햇님에게 가서 "나에게 매우 좋은 딸이 있습니다. 세상에서 가장 잘난 사람에게 시집보내고 싶습니다. 가장 잘난 사람은 당신입니다. 부디 나의 딸을 받아 주세요."하고 부탁하였습니다.

	햇님은 "고맙지만 거절합니다. 세상에는 나 보다 더욱 잘난 사람이 있을테니까."하고 말하였습니다. 쥐의 아버지는 깜짝 놀라서 "그것은 누구입니까?"하고 물었습니다. 햇님은 "그것은 구름입니다. 아무리 내가 나와 있어도 구름이 오면 숨겨져 버립니다. 구름에게는 이길 수 없습니다."하고 말하였습니다.
에서	쥐의 아버지는 구름에게 가서 "세계에서 가장 잘난 당신에게 딸을 시집보내고 싶습니다."하고 말하였습니다. 구름도 거절하였습니다. 그리고 "세상에서 나 보다 더욱 잘난 사람이 있으니까."하고 말하였습니다.
나와 있어도	쥐의 아버지는 깜짝 놀라서, "그것은 누구입니까?"하고 물었습니다.
오다	구름은 "그것은 바람입니다. 아무리 내가 하늘에서 으스대도, 바람이 오면 날아가 버립니다. 바람에게는 이길 수 없습니다."하고 말하였습니다.

쥐의 아버지는 바람에게 가서,

"세상에서 가장 잘난 당신에게 딸을 시집보내고 싶습니다."라고 말하였습니다.

바람도 거절하였습니다.

그리고 "세상에는 나 보다 더욱 잘난 사람이 있기 때문에."라고 말하였습니다.

쥐의 아버지는 "그것은 누구입니까?"라고 물었습니다.

바람은 "그것은 벽입니다. 내가 열심히 바람을 불어도 벽은 아무렇지 않습니다. 벽에게는 이길 수 없습니다." 하고 말하였습니다.

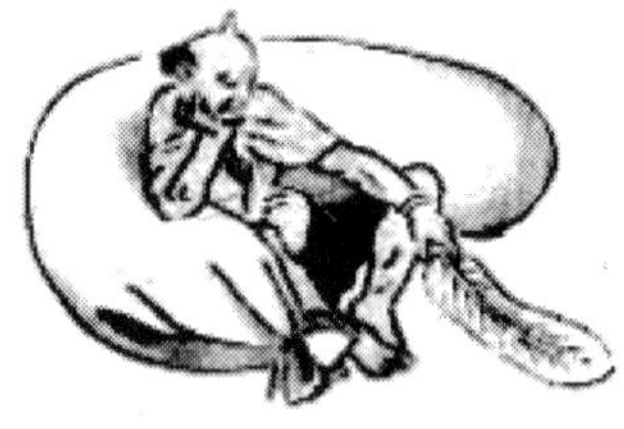

쥐의 아버지는 벽에게 가서 “세상에서 가장 잘난 당신에게 딸을 시집보내고 싶습니다.”라고 말하였습니다.

벽도 거절하였습니다.

그리고 “세계에는 나 보다 더욱 잘난 사람이 있으니까.”하고 말하였습니다.

쥐의 아버지 는 “그것은 누구 입니까?”하고 물었습니다.

벽은 “그것은 쥐입니다. 쥐에게는 으드득 베어 먹혀 못 견딥니다.”하고 말하였습니다.

쥐의 아버지는 “정말, 세계에서 가장 잘난 사람은 쥐다.”라고 생각하였습니다.

그래서 딸을 근처의 쥐에게 시집 보냈습니다.

[16] 그림자 놀이

어젯밤에는 모두가 그림자 놀이를 하고 놀았습니다. 누나가,

"내가 처음으로 해 보일께. 모두 벽 쪽으로 향해 주세요."

하고 말하였습니다.

벽 쪽을 보고 있자니, 강아지 모양이 비춰졌습니다.

동생이,

"야- 강아지다. 강아지다."

하고 말하고 있는 동안에 강아지는 사라지고, 소리개가 나왔습니다.

모두가,

"잘한다, 잘해."

하고 칭찬하였습니다.

"이번에는, 내가 해 볼까나."

하고 아버지께서 뒤에서 일어나셨습니다.

쪽

입

얼마 안 되어, 여우가 나왔습니다.

아버지께서

“자-여우다. 캥, 캥.”

하고 말하며 여우의 입을 움직였습니다.

남동생이, 박수를 치며 기뻐하였습니다.

나중에 누나에게서 손가락 짜는 법을 배웠습니다.

[17] 호랑이와 곶감

깊은 산의 호랑이가, 배가 고파서 마을로 내려왔습니다.

무엇인가 먹을 것은 없을까 하고 찾아 다녔습니다. "어흥, 어흥."

아이의 우는 소리가 들렸습니다.

"어, 아이가 울고 있네."

호랑이는 목소리가 들리는 창문 아래로 갔습니다.

울다

"어흥, 어흥."

어머니가 여러 가지로 달래고 있지만, 아이는 울음을 그치지 않습니다.

"봐, 늑대가 왔어요."

하고 어머니가 말씀하셨습니다. 아이는 역시 울었습니다.

밖

"어머, 커다란 살쾡이가 왔다."

그래도 아이는 울음을 그치지 않았습니다.

호랑이는,

"정말 끈질긴 아이로군. 늑대도 살쾡이도 무섭지 않은 듯하군."

하고 탄복하였습니다.

"어흥, 어흥."

"저봐, 커다란 호랑이가 밖에 왔어."

하고 어머니가 말하였습니다.

호랑이는 깜짝 놀라 엉덩방아를 찧었습니다.

시작하다	"내가 여기에 있는 것을 어떻게 알았을까? 어라, 아이는 아직 울고 있어. 여기에 있는 내가 무섭지 않은 것일까?" "어흥, 어흥, 어흥." 아이는 이전 보다도 큰 목소리로 울기 시작하였습니다. "자, 곶감." 하고 어머니가 말하였습니다. 아이는 바로 울음을 그쳤습니다. "어라, 울음을 그쳤네. 곶감이라는 놈은 뭐지? 아마도 늑대보다도 나보다도 강한 것이 틀림 없다. 잡히면 큰 일이다." 호랑이는 깊은 산으로 도망쳐 갔습니다.

[18] 눈 오는 아침

잠에서 깨었습니다.

창밖에서

"아버지, 점점 쌓이겠네요."

라고 하는 형의 목소리가 들립니다.

눈
소나무

나는 벌떡 일어나서 창문을 열었습니다. 길도 밭도 온통 눈입니다. 마당의 소나무는 목화를 뒤집어 쓴 듯 합니다.

뒤의 소나무산에서 꽝하고 철포가 울렸습니다. 참새가 짹짹 울면서 도망쳐 왔습니다.

나는 옷을 갈아입고 밖으로 나갔습니다. 형과 아버지가 열심히 눈 치우기를 하고 계셨습니다.

구름
소나무

눈은 어느새인가 멈춰서 구름 사이로 파란 하늘이 보입니다.

[19] 널 뛰기

쿵- 탁-

빨간 옷이 올라갔다.

노란 옷이 내려갔다.

쿵-

탁-

노란 옷이 올라갔다.

빨간 옷이 내려갔다.

쿵- 탁-

올라갔다 내려갔다 재미있네

지붕의 참새도 쳐다보고 있네

[20] 남동생 고

	온돌에서 종이접기를 하고 있으려니, 어머니가
	"오준, 이것을 보내 주렴"
	하고 엽서를 건네 주었습니다.
	나는
	"예"
	하고 바로 집을 나섰습니다.
앞	문 앞에서는 고가 놀고 있었습니다. 나를 발견하고는,
	"누나, 나도 데리고 가줘"
	하고 말하였습니다.
	나는 손을 잡고 함께 갔습니다.
	얼마 되지 않아 우체통이 있는 곳에 왔습니다. 고가
넣다	"내가 넣게 해줘."
	하고 말했습니다.
	나는 고를 안아서 엽서를 넣게 했습니다.

[21] 기차

"뿌우–"

소리

하고 멀리에서 소리가 들립니다.

"기차다. 에이키, 보러가자."

하고 형이 말했습니다.

우리들은 밭 가운데 길을 달려서 선로 쪽으로 갔습니다.

기차는 보고 있는 사이에 커져서, 이쪽으로 왔습니다.

"화물 열차다. 길고 길다."

하고 형이 말했습니다.

"숫, 숫, 숫, 숫"

하고 기관차가 커다란 소리를 내며 지나갔습니다.

"몇 칸 인지 세어 보자."

하고 형이 말했습니다.

차량

검은 상자의 차량이 뒤를 이어 몇 개나 옵니다.

"일, 이, 삼, 사"

때
소

하고 세며 열 둘까지 왔을 때, 소가 많이 실려있는 차량이 몇 칸 지나갔습니다.

“어”하고 생각하고 있는 동안에,

나는 차량 숫자를 잊어버렸습니다.

돌

소 뒤를 커다란 나무를 쌓은 차량과 돌을 쌓은 차량이 몇 개나 지나갔습니다. 끝나갈 때쯤이 되자, 형은 큰 소리로 세었습니다.

“삼십육, 삼십칠, 삼십팔, 모두 해서 삼십팔 있다.”하고 말하였습니다.

기차는 점점 작아져서 멀리 가버렸습니다.

나는 조금 전에 본 소를 생각하며,

“나도 기차에 타고 싶다.”하고 생각하였습니다.

[22] 꽃 피우는 할아버지

옛날, 옛날 어느 곳에 할아버지가 살고 있었습니다. 개를 한 마리 키우며 매우 귀여워하였습니다.

어느 날, 개가 밭 구석에서

"여길 파라, 멍멍, 여길 파라 멍멍"

하고 짖었습니다.

할아버지가 그곳을 파 보니, 흙 속에서 돈과 보석이 많이 나왔습니다.

옆집 할아버지는 욕심이 많은 사람이었습니다. 이 이야기를 듣고, 개를 빌리러 왔습니다.

만	그리고 무리해서 개를 짖게 해서 밭을 파 보았습니다만, 더러운 것만 나왔습니다. 할아버지는 화가 나서 개를 죽여버리고 말았습니다.
	개를 귀여워했던 할아버지는 매우 슬퍼하였습니다. 그래서 개의 무덤을 만들어 그곳에 작은 소나무를 한그루 심었습니다. 。
쌀	소나무는 점점 자랐습니다. 할아버지는 그 소나무로 절구를 만들었습니다. 그리고 쌀을 찧자, 돈과 보석이 많이 나왔습니다.

이웃집 할아버지는 다시 그 절구를 빌리러 왔습니다. 그리고 쌀을 찧어 보았습니다만, 더러운 것만 나왔습니다. 다시 화가 나서 절구를 부수어 불에 태워버리고 말았습니다.

불

개를 귀여워했던 할아버지는 그 재를 받아 왔습니다. 그러자, 바람이 불어와서 재를 날렸습니다. 그것이 마른 나무의 가지에 걸쳐졌는가 싶더니 한번에 활짝 꽃이 피었습니다.

꽃

할아버지는 기뻐하였습니다. 재를 소쿠리에 넣어

"꽃 피우는 할아버지, 꽃 피우는 할아버지, 마른나무에 꽃이 피게 합시다."

라며 걸어갔습니다.

영주님이 지나가다가

"이것 재밌겠군. 꽃이 피게 해보아라."

라고 말하였습니다.

할아버지는 마른 나무에 올라갔습니다. 그리고 재를 뿌리자 마른 나무에 꽃이 피어 온통 꽃이 피었습니다.

"이것 신기하군. 아름답군 아름다워."

하고 칭찬하시고, 상을 많이 주셨습니다.

이웃집 할아버지는 남은 재를 긁어모아서 마른나무에 올라가 영주님이 돌아가는 것을 기다리고 있었습니다.

그곳에 영주님이 지나가다가

"다시 한번 꽃을 피워 보렴."

하고 말씀하셨습니다.

할아버지는 재를 움켜쥐고 뿌렸습니다. 아무리 뿌려도 꽃은 피지 않았습니다. 게다가 재가 영주님의 눈과 입에 들어갔습니다.

영주님은

"이놈은 가짜다. 얄미운 놈이다."하고 말씀하셨습니다.

할아버지는 결국 잡혀가고 말았습니다.

상 견 장 사 적 수 월 수 소 풍 하

(上) (見) (長) (私) (赤) (手) (月) (水) (小) (風) (下)

백 래 토 우 목 좌 생 자 인 방 출

(白) (來) (土) (右) (木) (左) (生) (子) (人) (方) (出)

구 읍 외 설 송 운 공 전 입 음 차

(口) (泣) (外) (雪) (松) (雲) (空) (前) (入) (音) (車)

시 우 석 미 화 **화**

(時) (牛) (石) (米) (火) (花)

끝

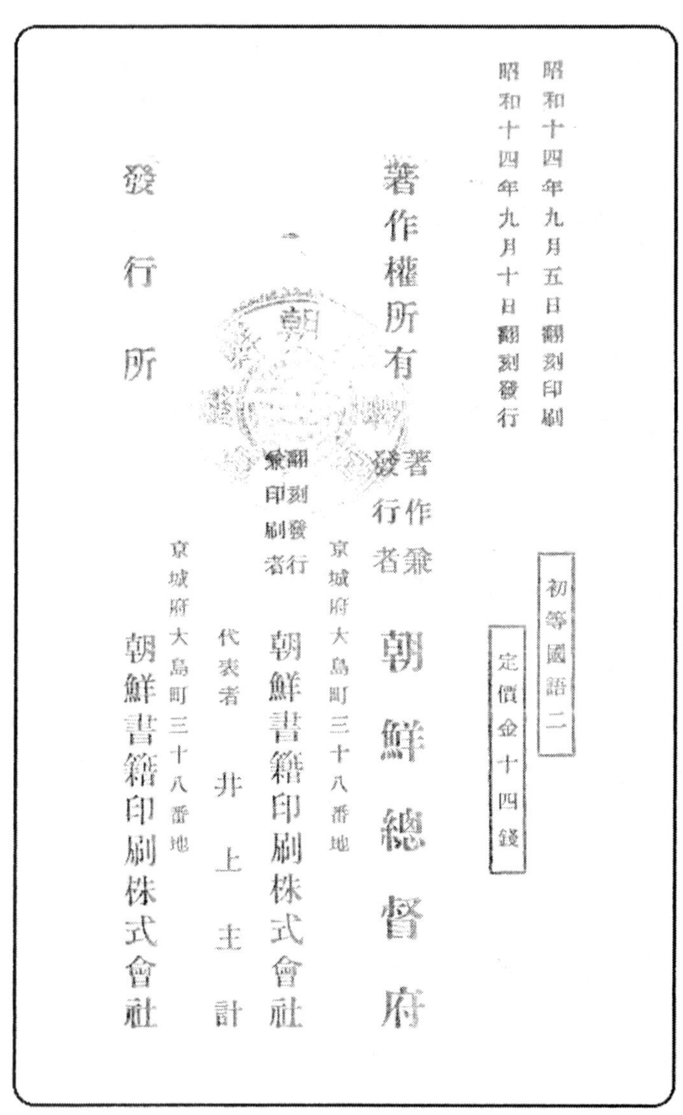

初等國語二

定價金十四錢

昭和十四年九月五日翻刻印刷

昭和十四年九月十日翻刻發行

著作權所有

著作兼發行者 朝鮮總督府

京城府大島町三十八番地

翻刻發行兼印刷者 朝鮮書籍印刷株式會社

代表者 井上主計

京城府大島町三十八番地

發行所 朝鮮書籍印刷株式會社

조선총독부편찬

초등국어독본 권3

제2학년 1학기

初等國語讀本　卷三

朝鮮總督府

초등국어독본 권3

목록

ア　イ　ウ　エ　ヲ

カ　キ　ク　ケ　コ

サ　シ　ス　セ　ソ

タ　チ　ツ　テ　ト

ナ　ニ　ヌ　ネ　ノ

ハ　ヒ　フ　ヘ　ホ

マ　ミ　ム　メ　モ

ヤ　イ　ユ　エ　ヨ

ラ　リ　ル　レ　ロ

ワ(ヰ)ウ(ヱ)ヲ

ン

ガ　ギ　グ　ゲ　ゴ

ザ　ジ　ズ　ゼ　ゾ

ダ(ヂ)(ヅ)　デ　ド

バ　ビ　ブ　ベ　ボ

パ　ピ　プ　ペ　ポ

[1] 개나리가 피었다

개나리가 피었다.
마당 구석에
울타리 위에
눈부시게 피었다.
 노랗게, 노랗게
눈부시게 피었다.

개나리가 피었다.
양지의 언덕을
산기슭의 집을
뒤덮이게 피었다.
  노랗게 노랗게
  뒤덮이게 피었다.

[2] 조기 기상

	"유, 자 일어나자."
	형의 목소리에 잠이 깨었습니다. 벌써 장지가 밝아 있었습니다.
동	나는 옷을 갈아입고 밖으로 나왔습니다. 동쪽 하늘이 희미하게 밝아오고 있었습니다. 까마귀가 두 세마리 울며 날아갑니다.
금색	갑자기 산 위가 빨갛게 되었습니다. 갑자기 금색 빛이 비추는 가 싶더니 새빨간 햇님이 얼굴을 내밀었습니다.
	"아! 햇님이 나오기 시작했다. 형-형-"
	큰 소리로 불렀지만, 대답이 없습니다.

서둘러 우물가에 가 보았습니다. 형은 “하나, 둘, 하나, 둘”하고 구호를 외치면서, 냉수마찰을 하고 있었습니다.

나를 보더니,

“유! 빨리 세수를 하고, 궁성 요배를 하자.”

하고 말하였습니다.

햇님은 완전히 산 위로 올랐습니다. 소 외양간에서 소가 우는 소리가 들려왔습니다.

[3] 햇님과 아이

방향	아이 "햇님 벌써 산 반대쪽으로 가십니까?"
가다 ~하지 않으면 안됩니다	햇님 "그래요. 이제 가지 않으면 안돼요."
	아이 "부디 조금 더 기다려주세요. 어둡게 되면 놀 수 없으니까요."
조금	햇님 "너는 착한 아이니까 조금 더 있어주고 싶지만, 산 반대 방향에도 너와 같은 착한 아이가 기다리고 있어요. 오늘은 이제 돌아가세요."
되자	아이 "그러면 다시 내일 나와 주세요."
나오다	햇님 "응, 올께요."
	아이 "햇님 잘 가세요."
	햇님 "잘 있어요."

[4] 시계

학교	어제 학교에서 돌아오자 아버지가,
오늘	"어떠냐? 유키치, 좋은 시계이지. 오늘 읍내에서 사 왔단다."
	하고 말씀하시고, 기둥 위를 손으로 가르키셨습니다. 커다란 시계가 진자를 반짝반짝 반짝이면서 "째깍, 째깍"하고 움직이고 있습니다.
집	 저녁밥 시간에 어머니가 "준코야, 집안이 갑자기 밝아졌구나." 하고 말하셨습니다.

시간도	아버지가, “이제부터 시간을 정해서, 항상 잘 맞춰서 하렴.” 하고 말씀하시자, 형이 “자는 시간과 일어나는 시간을 정합시다.” 하고 말하였습니다. 내가 “학교에 가는 시간도 정합시다.” 하고 말하자, 아버지는 시계를 보며 “그것 좋은데, 하지만 시간을 정해도, 지키지 않으면 시계가 비웃을 거예요.” 하고 말하였습니다.

[5] 천장절(天長節)

빨리	어제는 천장절이었습니다. 빨리 일어나 국기를 게양하였습니다.
시 장 선생님	9시부터 학교에서 식이 있었습니다. 교장선생님이 칙어를 읽으셨습니다. 칙어 후에
일본 내에 -든	"천장절은 천황폐하가 태어나신 경사스런 날입니다. 일본 내 어디든 국기를 세우고, 축하를 합니다. 도쿄에서는 열병식이 있어 천황폐하가 행차하십니다."
	하고 말해 주셨습니다.
	돌아와서 이치로와 고이치랑 신사가 있는 산에 올라갔습니다.
	마을 쪽을 보니 모든 집에 국기가 게양되어 있었습니다. 밭 가운데의 외딴집에도 국기가 걸려 있었습니다.

[6] 줄넘기

4

1단, 2단
줄을 넘는다, 넘는다.

3단 뛰었다,
4단도 뛰었다.

5단 줄넘기도,
이어서 뛰었다.

6단, 7단
8단 뛰었다.

9단, 10단
줄을 넘고 넘었다.

[7] 수수께끼

	"이 상자 속에 생물이 있습니다. 맞춰 보세요."
상자	"그런 작은 상자 속에 있어 답답하지 않을까요?"
	"답답하지 않습니다."
벌레	"개미처럼 작은 벌레겠지요."
움직임 발	"아니요. 상자 가득히 꽉 차 있습니다."
	"그러면 움직이지 않습니까?"
	"이 생물은 날개도 다리도 없기 때문에, 걷거나 날지도 않습니다."
	"어떤 모양입니까?"
	"동그랗지만, 공처럼 동그랗지는 않습니다."
	"어렵네요. 어떤 얼굴을 하고 있습니까?"
	"얼굴은 없습니다."
	"딱딱한 것입니까?"
	"밖은 딱딱하지만 안은 부드럽습니다."
	"알겠습니다. 계란입니다."

[8] 병아리

	아버지가
유키치	"유키치, 병아리가 부화했단다."
	하고 말씀하셨습니다. 내가 가 보니 병아리가 어미 닭
곳	의 가슴에서 작은 머리를 내놓고 삐약 삐약하고 울고
	있습니다.

	날개 아래에도 두 세마리가 있는 듯 합니다. 병아리가
	울자 어미 닭은 말이라도 하는 듯이, 콕 콕 콕 콕하고
	웁니다.
	나는 병아리가 너무나 귀여웠습니다.

[9] 하루코

년 국어	하루코는 1학년생입니다. 학교에 입학하고 나서 아직 두 달밖에 되지 않았습니다. 하지만 거의 국어를 할 수 있게 되었습니다. 처음에는 낮인데도 "오하요-고자이마스(아침인사)"하고 말했지만, 요즘에는 "곤니치와(점심인사)"하고 말할 수 있게 되었습니다.
두 사람	얼마 전에 두 사람이 전화 놀이를 하였습니다. 내가 전화를 걸자, 하루코는 "여보세요, 여보세요. 많이 기-" 하고 말하다가 다물고 말았습니다.
생각	"어떻게 된거야?"하고 생각하고 얼굴을 보자, 입을 우물쭈물하고 말았습니다. "많이 기-"의 다음을 말하지 못하는 듯 하였습니다. "'기다리셨습니다'잖아" 하고 말하자, "아! 맞습니다." 하더니 "기다리셨습니다."

"기다리셨습니다."하고 몇 번이나 반복하였습니다.

아침에 부르러 갔더니,

"기다리셨습니다."

하고 말하며 나왔습니다.

"능숙하게 되었네요."

하고 말하자, 하루코는 활짝 웃었습니다.

[10] 민들레

< 1 >

아 이 「아, 민들레가 예쁘게 피어있다. 형, 끊어서 집에 갑시다.」

민들레 「도련님, 부디 백발이 될 때까지 끊지 말아 주세요.」

아 이 「언제 백발이 됩니까?」

민들레 「이제 금방입니다.」

< 2 >

“형, 하얀 솜 같은 것이 날고 있네요.”

“저것이 민들레의 열매야. 저기에 있는 민들레의 솜털을 불어보렴.”

나는 하얀 머리를 후-하고 불었습니다. 하얀 솜털이 붙은 열매가 둥실둥실 날아갔습니다.

아래

"유, 저렇게 해서 사방으로 흩어져 날아가 동료들을 늘리는 것이야."

"형, 하나의 꽃에 생기는 열매의 수는 몇 개 정도 있는 것일까요?"

"글쎄, 몇 개 정도 있을까?"

"알 수 없을까요?"

"알 수 있지. 생각해 보렴."

싹 뿌리 힘	< 3 > 나는 민들레꽃에 열매가 어느 정도 있는지 살펴보기로 했습니다. 화분에 흙을 넣어서 하나의 꽃에 생긴 열매를 남김없이 뿌렸습니다. 한달 정도 지나자, 귀여운 싹이 많이 나왔습니다. 나는 화분 흙을 완전히 물로 씻어서 싹과 뿌리가 갖춰진 것을 세어 보았습니다. 모두 해서 74송이였습니다. 나는 민들레 번식력이 강한 것에 놀랐습니다.

[11] 국토 끌어오기

	오랜 옛날 일입니다.
나라 신 토지	신이 어떻게해서든 이 나라를 더욱 넓히고 싶다고 생각하셨습니다. 나라를 넓히기 위해서는 어딘가 남아있는 토지를 가지고 와서 연결하면 좋겠다고 생각하였습니다.
	신은 바다 위를 스윽 바라다보셨습니다. 그러자 동쪽 먼 나라에 남은 토지가 있는 것을 보셨습니다.
두껍다 오다	거기서 신은 그 나라에 두텁고 두터운 밧줄을 걸어서 있는 힘을 다해 끌어당기셨습니다.

배서	“이쪽으로 와라! 어영차. 이쪽으로 와라! 어영차” 하고 함성에 맞춰 용감하게 끄시자 그 토지가 끊어져 움직이기 시작했습니다. 그리고 커다란 배처럼 바다 위로 점점 움직이더니 이쪽으로 왔습니다. 신은 그 토지를 이 나라에 붙여서 나라를 넓게 하셨습니다. 하지만 아직 좁다고 생각하셨습니다. 거기에서 다시 땅 위를 멀리 바라보셨습니다. 이번에는 서쪽의 먼 나라에 남은 토지가 있는 것을 또 보셨습니다. 신은 그 토지에도 밧줄을 걸어서, “이쪽으로 와라, 어영차. 이쪽으로 와라, 어영차.” 하고 있는 힘을 다해 끌어당기셨습니다. 이것도 커다란 배처럼 움직여서 이쪽으로 가져왔습니다. 신은 이렇게 해서 일본국을 넓게 만드셨다고 합니다.

[12] 토끼

	우리 집에서는 토끼를 두 마리 기르고 있습니다.
어제	어제, 학교에서 돌아와 보니, 작은 토끼가 없었습니다.
	마당을 찾아보니 봉선화 그늘에서 자고 있었습니다.
귀	다가가 귀를 잡아당겼습니다. 토끼는 깜짝놀라 깡충깡충 뛰어 우물가 쪽으로 도망갔습니다. 뒤를 쫓아가니 어머니가 "교코, 괴롭히지 말고 상자 안에 넣어 주렴." 하고 말씀하셨습니다. 나는 상자에 넣고 질경이 잎을 주었습니다. 토끼는 작은 입을 오물오물하며 맛있게 먹었습니다. 

[13] 잠자리

	잠자리, 잠자리.
정원	정원 울타리에 잠자리가 한 마리 앉았네.
	빙글 빙글
손가락	손가락으로 원을 그리면
	반짝 반짝
눈동자	눈동자가 빛나네.
날개	살짝 날개를
	잡으려고 하니
	쓱 저쪽으로 도망쳐 갔네.

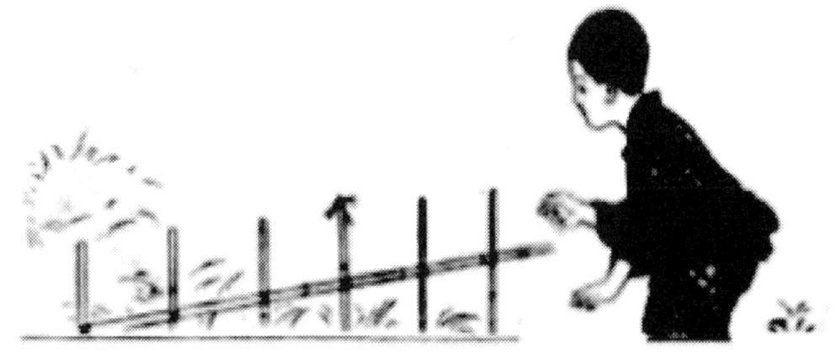

[14] 찰흙으로 만든 소

찰흙 준비가 끝나자 선생님이,

"오늘은 여러분이 좋아하는 것을 만드세요."

하고 말씀하셨습니다.

고이치는,

"나는 그릇을 만들어야지."

하고 찰흙을 주무르기 시작했습니다. 나는 소를 만들기로 하였습니다.

처음에 몸을 만들었습니다. 그리고 머리를 만들었지만

목

목이 길어져 좀처럼 잘 되지 않습니다. 선생님에게 여쭈어보니,

해 주세요

"목을 마음먹고 굵게 해 보렴."

하고 가르쳐 주셨습니다.

선생님이 말씀하신 대로 하자 잘 만들어졌습니다.

꼬리를 붙이고, 선생님께 보여드리자,

"잘 만들었는데, 아쉬운 것이 있네."

하고 말씀하셨습니다.

너	"부족한 것은 뭘까?" 하고 생각하고 있자니, 고이치가 "너, 머리 뿔이 붙어있지 않는데." 하고 가르쳐 주었습니다. 머리 뿔을 붙였고, 선생님께 보였더니 선생님은 "훌륭한 소가 완성되었다. 음매-하고 울 것 같구나." 하고 웃으시면서 말씀하셨습니다. 

[15] 비가 갬

비 잎 빛나다 씻다	비가 개었습니다. 나뭇잎이 반짝반짝 빛나고 있습니다. 누나는 우산을 말리고 있었습니다. 내가 고무신을 씻고 있는 것을 보고, "유, 햇빛이 비치지 않는 곳에 말리세요." 하고 가르쳐 주었습니다.

뜨다 물건 가지다	동생과 옆집의 쇼는 물 웅덩이에 나뭇잎을 띄워서 놀고 있습니다. 옆에서 시로가 보고 있습니다. 어머니가, "준코, 세탁하러 갔다 오마." 하고 말씀하시고 세탁물이 많이 들은 바구니를 가지고 외출하셨습니다.

[16] 개구리

개구리	어린 개구리가 강가에서 놀고 있었습니다. 그곳에 소가 와서 물을 마셨습니다. 어린 개구리는 깜짝 놀라서 도망갔습니다. 어린 개구리는 당황해서 집으로 돌아갔습니다. 그리고 아버지 개구리와 어머니 개구리에게, "커다랗고 커다란 도깨비가 물을 마시러 왔었어요." 하고 말하였습니다.  근처에 있던 큰 개구리가 그것을 듣고, "그 커다란 도깨비는 나 정도였던 거야." 하고 물었습니다.

지금	어린 개구리는,
	"아이쿠, 아이쿠. 지금까지 본적도 없을 정도로 큰 것이었습니다."
들이마시다	하고 대답하였습니다.
	커다란 몸이 자랑인 큰 개구리는 크게 숨을 들이마시고 배를 부풀리며,
	"그럼, 이 정도였어?"
	하고 말하였습니다. 어린 개구리는 고개를 저으며,
	"아무리해도 그 정도가 아니었습니다."
	하고 말하였습니다.
	"그럼 이 정도였을까?"
	하고 말하고, 큰 개구리는 더욱 배를 부풀렸습니다.
	어린 개구리는,
	"아저씨, 그만 두세요. 아무리 배를 부풀려도 이길 수 없어요."
	하고 말하였습니다.

생 처럼	하지만, 큰 개구리는 이번에야말로 하고 열심히 숨을 들이마셨습니다. 배는 마치 풍선처럼 부풀었습니다.  그러자 "펑"하고 커다란 소리가 나며 큰 개구리의 배가 찢어지고 말았습니다.

[17] 잇슨보시

	할아버지와 할머니가 있었습니다. 아이가 없어서,
	"부디, 아이를 하나 점지해 주세요."
	하고 신에게 기원을 하였습니다.
	남자아이가 태어났습니다. 새끼손가락 정도의 크기였
	습니다. 너무나 작아서 잇슨보시라는 이름을 붙였습니
한사람	다.
남 작다	잇슨보시는 두 살이 되어도, 세 살이 되어도 조금도 크
명 셋	지 않았습니다. 할아버지와 할머니는 걱정이 되어서,
	"잇슨보시의 키가 커지기를…"
크다	하고 매일 신에게 기원하였습니다. 그렇지만 역시
매번	태어날 때 그대로였습니다.
	잇슨보시는 열세살이 되었습니다. 어느 날 할아버지와
	할머니에게
	"도읍에 가서 훌륭한 사람이 되고 싶다고 생각해요. 조
	금 시간을 주세요."
	하고 말했습니다.

바늘 칼	잇슨보시는 할머니로부터 바늘 하나를 받았습니다. 그것을 칼로 삼고, 밀짚을 칼집으로 삼아 허리에 꽂았습니다. 그리고 밥공기를 받아서 배로 하였습니다. 젓가락을 받아서 노로 삼았습니다. 잇슨보시는 밥공기 배에 타고 젓가락 노로 능숙하게 저어서 커다란 강을 거슬러 갔습니다. 도읍에 도착하자 영주님의 저택에 갔습니다. "실례합니다." 하고 말하자, 영주님이 나오셨습니다만 아무도 없습니다. "누구지?" 라고 말하고 사방을 찾아보셨습니다. "어디에 있는거지?" 라며 정원을 돌아보며 나막신을 신으려고 하였습니다.

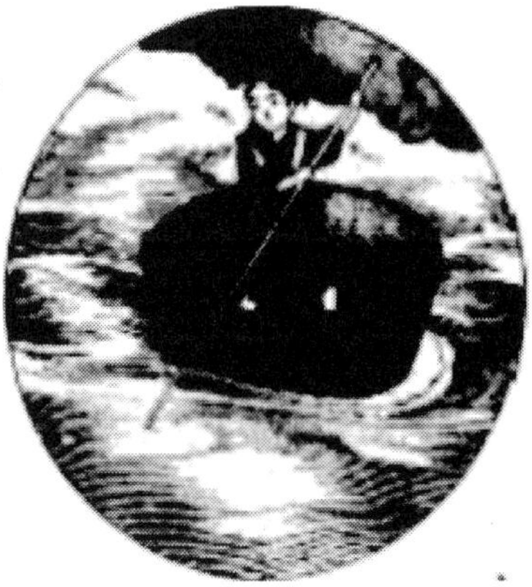

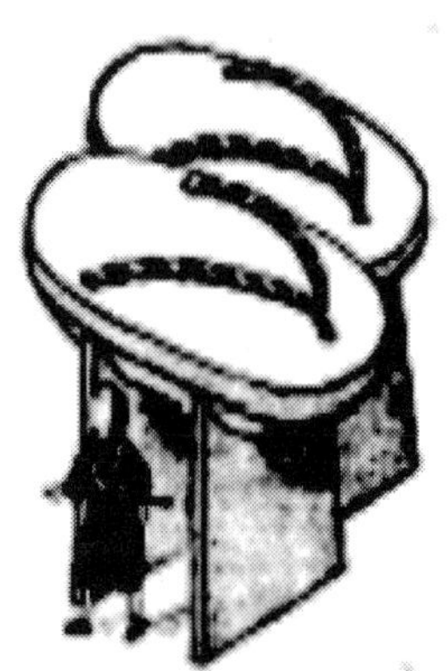

그러자 그 나막신 그늘에 있던 잇슨보시는,

"밟아서는 안됩니다."

하고 놀라서 뛰쳐 나왔습니다. 그리고

"부하로 삼아주세요."

하고 부탁하였습니다.

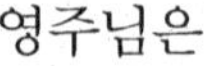

영주님은

"이것 참 재밌는 아이다."

라며 부하로 삼았습니다.

3년 정도 지났습니다. 잇슨보시는 어느 날 아가씨를 모시고 먼 곳까지 외출하였습니다.

지방까지 오자 어디서부터인가 괴물이 나와서 잇슨보시와 아가씨를 잡아먹으려고 하였습니다.

잇슨보시는 바늘 칼을 빼서 괴물에 대항하였습니다만 결국 잡히고 말았습니다.

괴물은 잇슨보시를 집어서 한입에 삼켜버렸습니다.

멀다 땅	잇슨보시는 괴물의 뱃속을 이쪽저쪽으로 돌아다니며 바늘 칼로 쿡쿡 찔렀습니다. 괴물은 "아야! 아야!" 하고 말하였습니다. 그 사이에 잇슨보시는 배속에서 기어 올라가 코 안쪽을 지나 눈 속으로 나왔습니다. 그리고 바늘 칼로 눈알을 찌르고 돌아다니다 사뿐히 지면에 뛰어내렸습니다. 괴물은 눈 속이 아파서 참을 수 없었습니다. 눈을 감싸고 열심히 도망갔습니다. 요술방망이도 잊어버리고 도망갔습니다.  

괴물이 잊고 간 요술방망이를 보자 아가씨는

"이것은 좋은 물건이다."

하고 매우 기뻐하였습니다. 이것을 내려치자 뭐든 자신이 생각한 대로 되었기 때문입니다. 그래서

"잇슨보시의 키가 커지게 해주세요."

라며 아가씨는 바로 요술방망이를 내리쳤습니다. 잇슨보시의 키가 조금 커졌습니다.

"더욱 커져라, 더더욱 커져라."

하고 말하며 몇 번이나 내려쳤습니다. 잇슨보시는 누구에게도 지지않을 큰 사나이가 되었습니다.

[18] 이발

	마당에서 놀고 있자니 어머니가
	“유, 이발을 해 줄 테니 준비하렴.”
	하고 말씀하셨습니다.
	나는 의자를 꺼내어, 벚나무 아래에 놓았습니다.
놀 고 있자니	조각보를 걸치고 기다리고 있으려니, 어머니가 오셨습니다.
	어머니는 귀 옆에서 이발 기계를 재깍재깍하면서
	“자- 시작할게.”
기다리다	하고 말씀하셨습니다. 나는 고개를 빼서 아래를 쳐다 보았습니다..
	얼마 되지 않아 머리 뒤에서 이발 기계가 움직이기 시작했습니다.
머리	하얀 조각보 위로 머리카락 뭉치가 떨어져 왔습니다.
	갑자기 머리를 잡아당겼습니다. 나는 나도 모르게 목이 움츠러들었습니다.
	어머니는
	“가만히 있으렴”
	하고 말씀하시고 이발 기계를 뒤쪽으로 돌렸습니다.

	이발 기계를 바로 잡았습니다. 어머니는
	“이번에는 괜찮지?”
	하고 말씀하시고 다시 깍기 시작했습니다.
여동생	거기서 보고있던 여동생이
	“오빠, 아파?”
	하고 나의 얼굴을 들여다보았습니다.
기분	이발 기계는 기분좋은 소리를 내면서 움직였습니다.
	얼마지나지 않아 끝났습니다. 그때 아버지가 돌아오셔서
	“야, 깨끗해졌네. 어머니 이발사는 상당히 잘하는데.”
	하고 말씀하셨습니다.

[19] 복습

읽다	어제, 하나코와 함께 복습을 하였습니다.
	산수를 공부하고 나서 국어독본을 읽었습니다.
	처음에 내가 "개나리가 피었다"를 읽었습니다. 하나코가 다음을 읽었습니다.
	「햇님과 아이」 부분은 내가 햇님으로 하나코가 아이가가 되어 읽었습니다.
	읽기 전에 하나코가
대화-이 되었습니다	"여기는 선생님이 말씀하신 것처럼 대화한다고 생각하고 읽어봅시다."
	하고 말하였습니다.

듣다	하나코가 「잇슨보시」의 부분을 읽고 있을 때, 어머니가 시장에서 돌아오셨습니다. 어머니는 툇마루에 앉아서, 하나코가 읽는 것을 듣고 계셨습니다. 하나코가 읽고 나자, 어머니는 "재밌는 이야기로구나. 자- 간식을 줄게" 라고 말씀하시고 커다란 복숭아를 하나씩 주셨습니다.

[20] 송아지

음매 음매 송아지는 귀여워라
종종걸음으로 엄마 소 쫓아가네

음매 음매 송아지는 귀여워라
빼끔빼끔 엄마 젖을 먹고 있네

음매 음매 송아지는 귀여워라
작은 눈으로 구름을 보고있네

[21] 스모

광군

응원

기운

웃음

일요일에 고이치와 스모를 하고 놀았습니다.

처음에 신키치와 고조가 상대하였습니다.

다음으로 고이치와 구니오가 상대하였습니다. 시작하자 바로 맞붙었습니다만, 좀처럼 승부가 나지 않았습니다.

구니오가 고이치의 다리를 걸었습니다. 다리가 걸린 고이치는 열심히 싸웠지만, 결국 씨름판 한 가운데에 엉덩방아를 찧었습니다. 모두가 와-하고 웃었습니다.

그리고 내가 붙었습니다. 상대는 다미지였습니다.

"기운 내! 기운 내!"

모두가 열심히 응원하였습니다.

"얏!"

하고 두 사람은 맞붙었습니다.

나는 다미지의 띠를 붙잡으려고 하였습니다. 다미지는 좀처럼 잡히지 않았습니다.

틈을 노린 나는 결국 다미지의 띠를 붙잡았습니다. 다미지도 나의 띠를 잡았습니다.

	"유키치 힘내!"
	"다미지 힘내!"
<u>듣다</u>	응원 소리가 활기차게 들려왔습니다.
	다미지가 다리를 걸어 공격해 왔습니다. 나는 허리에 힘을 더해 쭉쭉 밀고 나갔습니다.
	갑자기 다미지가 방향을 바꿨습니다. 두 사람은 결국 쓰러졌습니다.
	"와–"
	모두가 큰소리를 질렀습니다.

[22] 순사님

마을	마을 끝 강가에서 낚시를 하고 있자니,
	"어때? 낚이니?"
	라는 소리가 들렸습니다.
	보니, 순사님이었습니다. 나는 서둘러 인사를 하였습니다.
	"안녕하세요."(아침인사)
	신키치와 고조가 서둘러 인사를 하였습니다.
	순사님은 웃으면서
지금	"벌써 정오예요"
	하고 말씀하셨습니다.
	신키치와 고조는 바로
	"안녕하세요"(점심인사)
	하고 다시 말하였습니다.
	거기에 구청장님과 고조의 아버지가 오셨습니다. 순사님에게 인사를 하자, 순사님은
	"요즘, 이 마을 사람들은 모두 국어를 사용하게 되었네요."
	하고 싱글벙글 웃으면서 말씀하셨습니다.

[23] 1전 저금

	“할아버지, 어깨를 두드려 드릴까요?”
전	“고마워, 조금 두드려 줄래?”
신문	툇마루에서 신문을 읽고 계시던 할아버지는 안경을 벗으셨습니다.
	“하나, 둘, 셋, 넷-”
	나는 작은 목소리로 세면서 두드리기 시작했습니다.
	“교코, 오늘은 꽤 힘이 들어가 있구나”
	할아버지는 기분 좋은 듯 말씀하셨습니다.
	부엌에서
	“교코, 잘 두드려 주렴.”
	하는 어머니의 목소리가 들렸습니다.
	통, 통, 통, 통
	나는 기세를 내어 두드렸습니다. 잠시 있자, 할아버지는
	“야- 고맙다. 매우 어깨가 가벼워졌다.”
	하고 말씀하셨습니다.
	나는,
	“조금 더 두드릴께요.”

하고 계속하였습니다.

어느새인가 할아버지는 꾸벅꾸벅 졸기 시작하였습니다.

상당히 두드렸을 때 어머니가 말씀하셨습니다.

"교코, 끝나면 상으로 과자를 줄게"

"어머니, 오늘은 과자 대신에 1전을 주세요."

"뭐하려고. 교코?"

"저금을 하려구요."

할아버지가 잠에서 깨셨습니다.

그리고

"흠, 그것 참 감동이다."

하고 말씀하셨습니다.

	나는 두드리는 것을 그만두고, "어제, 선생님이 1전이라도 헛되게 해서는 안된다는 이야기를 해 주셨습니다. 우리들은 모두 의논해서 일하고 받은 돈 1전 저금을 하기로 하였습니다." 하고 이유를 이야기하였습니다. "정말 좋은 일을 시작했구나." 하고 할아버지도 어머니도 감탄하였습니다. 
저녁	저녁이 되어 아버지가 돌아오셨습니다. 어머니로부터 1전 저금 이야기를 들으시더니 아버지도 "그것 참 좋은 일을 시작했다."하고 말씀하셨습니다.

[24] 바람

"아버지 오늘은 매우 바람이 세네요."

"그렇구나, 저 소나무를 보렴. 나뭇가지가 저렇게 흔들리고 있구나."

가지

"바람은 조금도 눈에 보이지 않는데 저렇게 큰 가지를 움직이는 것이 이상하네요."

"더욱 큰 것이라도 움직이게 해"

"어떤 것입니까?"

바다
달리다

"바다 위를 달리고 있는 것이란다."

"아, 돛단배로군요."

"맞아. 다른 것은 없을까?"

"아직 있습니까?"

파도	"있단다." "아, 기선입니까?" "아니, 기선은 바람 힘으로 달리는 것은 아니야." "그럼 무엇일까요?" "눈앞에 많이 보이는 것은 무엇이니?" "무엇일까?" "저, 하얀 파도란다." "아버지, 파도가 치는 것도 바람의 힘인가요?" "그래. 그리고 저 구름도 바람의 힘으로 움직이고 있단다." "이제 슬슬 저쪽으로 가보자."

[25] 우라시마타로

지나다 모이다 무슨	옛날에 우라시마타로라는 사람이 있었습니다. 어느 날 바닷가를 지나가고 있자니 아이들이 많이 모여서 어쩐지 소란스럽습니다. 봤더니 거북이를 한 마리 잡아서 굴리거나 두드리며 괴롭히고 있었습니다. 우라시마타로는 "그렇게 불쌍하게 하면 안돼."
것입니다	하고 말하자, 아이들은 "뭐, 어때. 우리가 잡은 것인데."
사다	라며 좀처럼 듣지 않습니다. 우라시마는
팔다 잡다	"그렇다면 아저씨에게 그 거북이를 팔으렴." 하고 말하여 거북이를 샀습니다.

	우라시마는 거북이의 등을 쓰다듬으며, "더 이상 두 번 다시 잡히지 말아라." 라며 바다에 보내 주었습니다. 그로부터 2, 3일 후의 일이었습니다. 우라시마가 배를 타고 평소대로 낚시를 하고 있자니, "우라시마씨, 우라시마씨"
부르다	하고 부르는 것이 있었습니다. 뭐지?하고 생각하며 돌아보니 커다란 거북이가 배 옆에 헤엄쳐와서 꾸뻑 인사를 하였습니다. 그리고
사이 돕다	"저번에는 고마웠습니다. 저는 그때 도움을 받은 거북이입니다. 오늘은 답례로 용궁에 모실께요. 자– 저의 등에 타세요." 라고 말하였습니다. 우라시마는 "그것 고맙습니다." 라며 거북이 등에 탔습니다. 거북이는 점점 바닷 속으로 들어갔습니다.
청 황	조금 가자, 건너편에 붉고, 파랗고, 황색으로 칠한 훌륭한 문이 보였습니다.

거북이가

문 | "우라시마씨, 저것이 용궁의 문입니다."

하고 말하였습니다.

동안 | 얼마 지나지 않아 궁전에 도착하였습니다. 도미나 넙치 등이 마중 나와서 안쪽의 훌륭한 궁전으로 안내하였습니다. 아름다운 옥과 조개로 장식한 그 궁전은 눈이 부시게 아름답습니다. 그곳에 용궁의 선녀가 나왔습니다. 그리고

아름답다 조개

"저번에는 거북이를 도와주셔서 감사합니다. 부디 편안하게 구경해 주세요."

라며 여러 가지 맛있는 음식을 해 주었습니다. 도미와 넙치 그리고 문어 등이 많이 나와 재밌는 춤을 추었습니다.

잊다 우라시마는 너무나 재미있어서, 집에 돌아가는 것을 잊고 매일 매일 즐겁게 지내고 있었습니다.

	하지만 그렇게 지내다 아버지와 어머니의 일을 생각하자 집에 돌아가고 싶어졌습니다. 그래서 어느날 용궁의 선녀에게 “매우 오랫동안 신세를 졌습니다. 너무 오래되어서 이제 가도록 하겠습니다.”
말리다	라고 말하였습니다. 용궁의 선녀는 몹시 말렸습니다만 우라시마가 어떻게 해도 듣지 않았기 때문에 “그렇다면 옥상자를 드릴께요. 하지만 무슨일이 있어도 뚜껑을 열어서는 안됩니다.” 라며 아름다운 상자를 건네주었습니다. 우라시마는 옥상자를 안고 거북이를 타고 바다 위로 나왔습니다. 원래의 바닷가에 돌아와 보고 놀랐습니다. 마을의 모
살다 죽다 알다 걷다	습은 완전히 변해있었습니다. 살고 있던 집도 없고, 아버지와 어머니도 돌아가시고 말아, 아는 사람은 한사람도 없었습니다. 이것이 어떻게 된 것일까 하고 우라시마는 상자를 안고 꿈처럼 이쪽저쪽을 걸어 다녔습니다.

서다 단숨	이럴 때 옥상자를 열면 어떻게 할 수 있을지도 모른다고 생각하여, 용궁 선녀가 말한 것도 잊고, 그 뚜경을 열었습니다. 그러자 안에서 하얀 연기가 스윽- 피어올랐습니다. 그것이 얼굴에 닿는가 싶더니 우라시마는 머리도 수염도 단숨에 새하얗게 되어 주름투성이의 할아버지가 되어버렸습니다. 

동	금	색	향	행	소	학	교	가	조	선
(東)	(金)	(色)	(向)	(行)	(少)	(學)	(校)	(家)	(早)	(先)
본	상	충	동	족	용	길	소	년	국	어
(本)	(箱)	(虫)	(動)	(足)	(勇)	(吉)	(所)	(年)	(國)	(語)
사	아	근	력	신	지	태	주	서	이	정
(思)	(芽)	(根)	(力)	(神)	(地)	(太)	(舟)	(西)	(耳)	(庭)
지	옥	우	수	군	우	엽	광	세	부	물
(指)	(玉)	(羽)	(首)	(君)	(雨)	(葉)	(光)	(洗)	(浮)	(物)
지	와	금	흡	남	명	고	매	침	도	원
(持)	(蛙)	(今)	(吸)	(男)	(名)	(高)	(每)	(針)	(刀)	(遠)
대	두	매	기	독	화	문	웅	원	소	촌
(待)	(頭)	(妹)	(氣)	(讀)	(話)	(聞)	(雄)	(元)	(笑)	(村)
전	신	석	지	해	주	파	통	집	하	매
(錢)	(新)	(夕)	(枝)	(海)	(走)	(波)	(通)	(集)	(何)	(賣)
매	취	호	간	조	청	황	문	미	패	망
(買)	(取)	(呼)	(間)	(助)	(靑)	(黃)	(門)	(美)	(貝)	(忘)
지	주	사	지	보	립	도				
(止)	(住)	(死)	(知)	(步)	(立)	(度)				끝

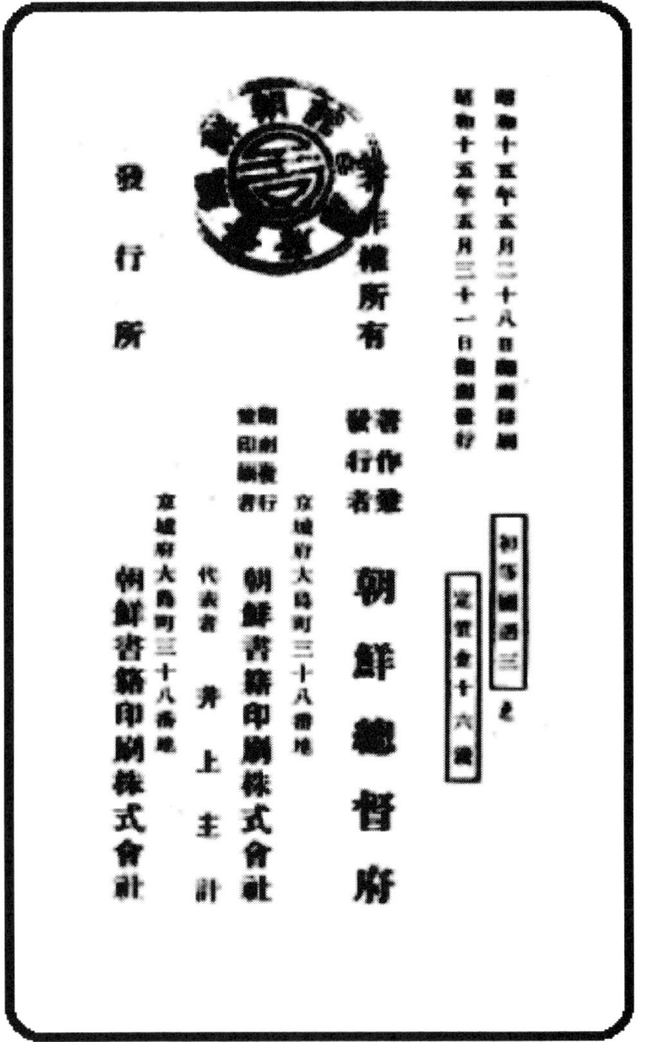

昭和十五年五月二十八日翻刻印刷
昭和十五年五月三十一日翻刻發行

初等國語三 之

定價金十六錢

著作權所有

著作兼發行者 朝鮮總督府

京城府大島町三十八番地
翻刻印刷兼發行者 朝鮮書籍印刷株式會社
代表者 井上主計

京城府大島町三十八番地
發行所 朝鮮書籍印刷株式會社

조선총독부편찬

초등국어독본 권4

제2학년 2학기

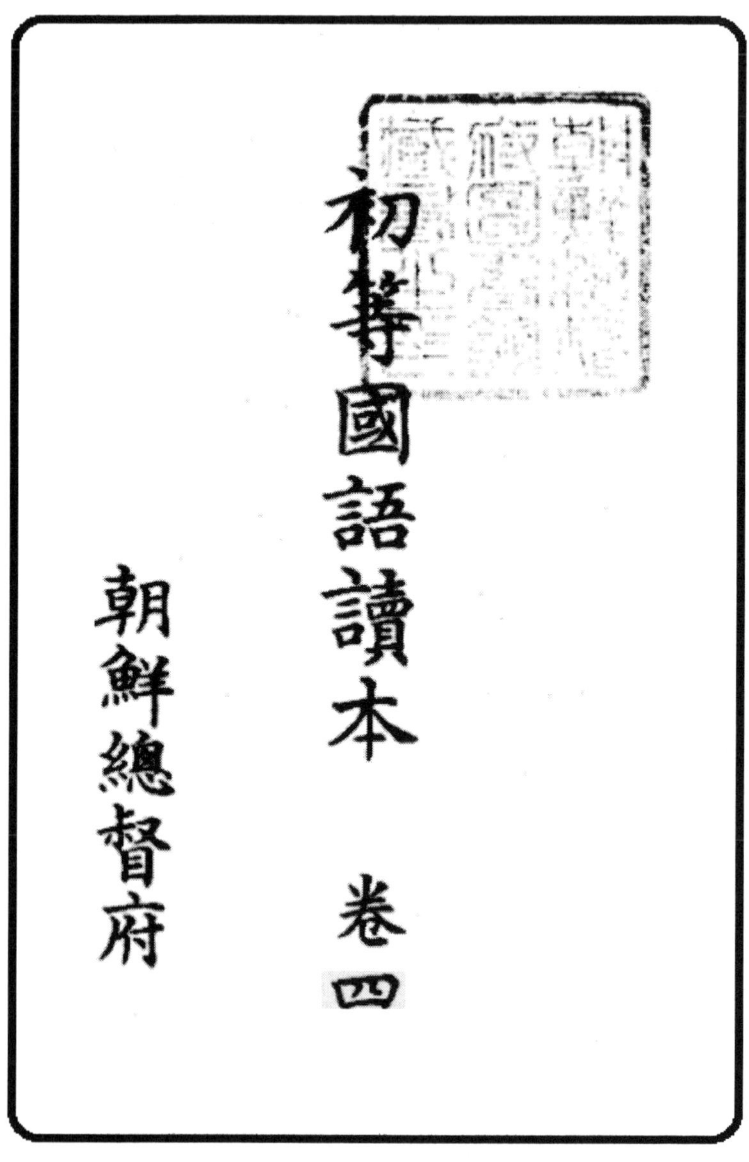

初等國語讀本 卷四

朝鮮總督府

초등국어독본 권4

목록

아(あ) 이(い) 우(う) 에(え) 오(お)

카(か) 키(き) 쿠(く) 케(け) 코(こ)

사(さ) 시(し) 스(す) 세(せ) 소(そ)

타(た) 치(ち) 츠(つ) 테(て) 토(と)

나(な) 니(に) 누(ぬ) 네(ね) 노(の)

하(は) 히(ひ) 후(ふ) 헤(へ) 호(ほ)

마(ま) 미(み) 무(む) 메(め) 모(も)

야(や) 이(い) 유(ゆ) 에(え) 요(よ)

라(ら) 리(り) 루(る) 레(れ) 로(ろ)

와(わ) 이 (ゐ) 우(う) 에(ゑ) 오(を)

응(ん)

가(が) 기(ぎ) 구(ぐ) 게(げ) 고(ご)

자(ざ) 지(じ) 즈(ず) 제(ぜ) 조(ぞ)

다(だ) 지(ぢ) 즈(づ) 데(で) 도(ど)

바(ば) 비(び) 부(ぶ) 베(べ) 보(ぼ)

파(ぱ) 피(ぴ) 푸(ぷ) 페(ぺ) 포(ぽ)

[1] 코스모스

코스모스 피었습니다 흔들	붉은 코스모스 피었습니다. 바람에 흔들흔들 피었습니다
	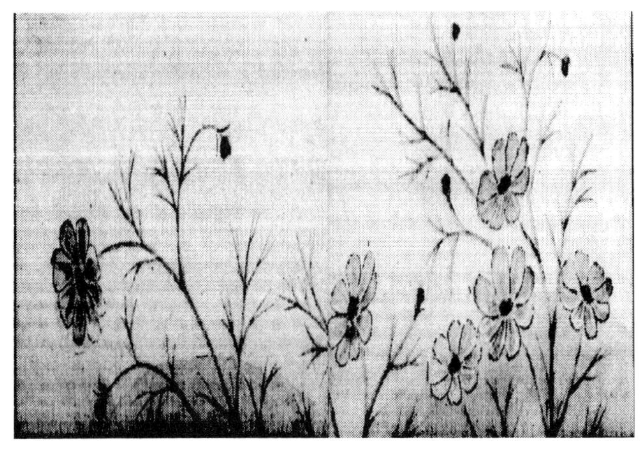
벌이리	하얀 코스모스 피었습니다. 벌이 흔들흔들 흔듭니다.

[2] 작은새

토 왜 미오베	붉은 새 작은새, 왜 왜 빨갛나? 빨간 열매를 먹었다. 하얀 새 작은새, 왜 왜 하얗나? 하얀 열매를 먹었다. 파란 새 작은새, 왜 왜 파랗나? 파란 열매를 먹었다.

[3] 기러기 비행기

	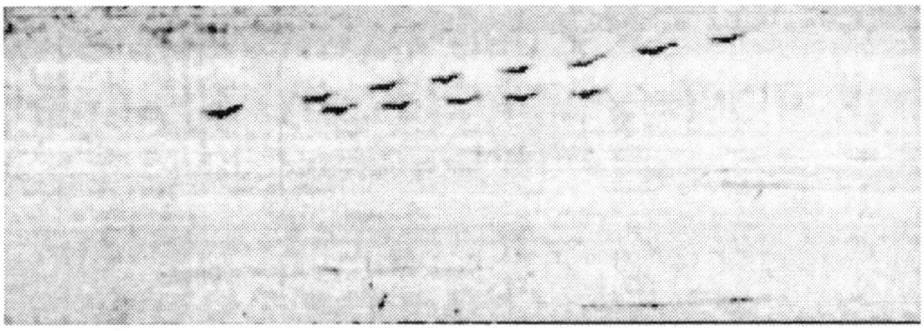
응노히우	기러기 비행기
	높은 하늘.
카요쿠데 토헤	사이 좋게 줄 서서
	어디에 가나?
보오테아와레	논으로 내려와서
	내일 건너라
바	기러기 비행기
	달 밝은 밤.
	사이 좋게 줄 서서
<u>하로</u>	어디에 가나?
	바다는 넓어요
	내일 건너라

[4] 달님과 아이들

	날이 저물었습니다.
	아이들이 두 사람, 아직 들판에서 놀고 있습니다. 노는
	것에 열중해서 집으로 돌아가는 것을 잊어버린 것이겠
	지요
다소	점점 어두워져 왔습니다. 아이들은 서둘러 집으로 돌
비무쓰 에루	아가려고 하였습니다. 그러나 어두워서 길을 알 수가
	없습니다. 두 사람은 울상이 되었습니다. 그때, 달님이
세	산 위에서 얼굴을 내밀었습니다. 달님은 두 사람을 보
	고,
	“안녕. 늦게까지 뭐하고 있는 것이니?”
	하고 상냥하게 물었습니다.

야즈네 게 고자	 "길을 알 수 없어서, 집으로 돌아갈 수 없어요." 라며 두 사람은 결국 울기 시작하였습니다. 달님은 아이들이 불쌍해졌습니다. 그래서 "자- 길을 가르쳐 줄게" 라며 길을 밝게 비춰주었습니다. 두 사람은 기운차게 걸어 나갔습니다. 집이 보이기 시작했습니다. 문 앞에 사람이 서 있습니다. 어머니입니다. 두 사람은 하늘을 올려다보고 "달님 고맙습니다."하고 정중하게 인사를 하였습니다.

[5] 단풍

지 호 포푸 부 후기	"아버지, 하룻밤 사이에 벚꽃 잎이 저렇게 아름답게 되었어요." "흠- 정말 불꽃 같구나." "건너편 노란 것은 포프라입니까?" "아니, 은행잎이다. 정말 아름답구나." "왜 저렇게 아름다운 색이 되는 것입니까?" "추워져서 잎 속의 녹색이 변한 것이란다." "아버지, 은행나무나 포프라는 노랗게 되는데, 벚꽃이 빨갛게 되는 것은 이상하네요." "아, 잘 알아차렸구나. 아직도 이상한 것이 많이 있단다. 그것을 조사해 가는 것이 지금부터의 공부란다."

[6] 낙엽

상 하	누나가 작은 시내에서 무를 씻고 있습니다. 새하얗게 된 무가 점점 높이 쌓여져 갑니다. 나는 상류에서 포플러잎을 띄워 보냈습니다. 노란 잎이 물결에 흔들려 누나의 손 가까이 까지 갔습니다만, 갑자기 옆으로 뒤집어져 버렸습니다. 나는 다시 잎 하나를 흘려보냈습니다. 이번에는 씻고 있던 무에 닿았습니다. 누나는 그것을 집어 올려서 하류에 띄웠습니다. 

중

케

메

나는 다시 두 세잎을 주워 왔습니다. 이번에는 한번에 띄웠습니다. 그중의 한 장은 드디어 누나의 손에 닿았습니다.

누나는 그것을 치우면서 내 쪽을 향했습니다. 내가 있는 것을 보자 생긋 웃으며,

"장난치면 안돼"

하고 말하였습니다.

누나는 다시 열심히 무를 씻기 시작했습니다.

[7] 전화

식 조선신 궁	"여보세요. 오무라씨의 댁입니까?" "예. 그렇습니다." "나는 구니오의 친구 유키치입니다만, 구니오는 있습니까?" "예. 있습니다. 잠깐만 기다려주세요." "여보세요" "아, 유키치입니까?" "구니오. 내일은 메이지절이니까, 식이 끝나면 조선신궁에 참배하러 가지 않겠습니까?" "잠깐만 기다려주세요. 어머니께 물어볼테니까." "많이 기다렸습니다. 함께 갑시다." "그럼, 함께 갑시다. 안녕히 계세요" "안녕히 계세요"

[8] 메아리

습 자우 여	뒷산에서 도토리를 줍고 있으려니 시로가 보이지 않았습니다. 나는 "시로-시로-"하고 불렀습니다. 그러자 건너편 쪽에서 "시로-시로-"하고 부르는 자가 있습니다. 친구라도 있는 것일까 하고 생각하여 "어이-"하고 부르자 "어이-"하고 대답하고, "누구야?"하고 말하니 "누구냐?"하고 말대답을 합니다. 이상하게 생각하고 있으려니 시로가 와서 그대로 돌아왔습니다. 저녁 식사 후에 오늘 일을 말하자, 아버지가 "유키치, 그것은 산 메아리라고 하는 것이야"하고 말씀하시고, 산 메아리에 대해 가르쳐주었습니다. 옆에서 듣고 있던 어머니가, "유야, 그것에는 이런 재밌는 이야기가 있어요. 옛날 수다를 좋아하는 여자아이가 있었어요. 신은 어떻게든 여자아이의 수다를 고치려고 생각하였습니다. 여러 가지를 생각한 끝에 그 아이에게 이제부터는 수다를 떨어서는 안된다고 말씀하셨습니다.

소성	수다를 금지당한 여자아이는 점점 야위어 갔습니다. 결국 몸이 사라지고 목소리만이 남게 되었습니다. 그 목소리가 메아리가 되어서 산속에서 살고 있다는 것이예요"하고 말해 주셨습니다.

[9] 굴렁쇠 굴리기

뱅글뱅글
벗꽃 잎이
돌아간다.

바람에 쫓기어
돌아간다.

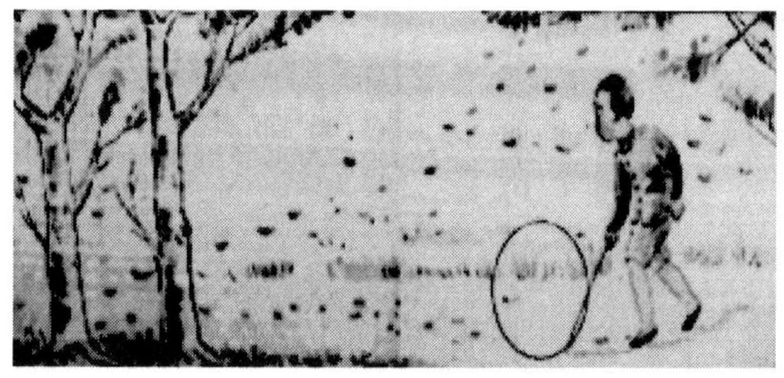

뱅글뱅글
나의
고리가 돌아간다.

바람을 쫓아
고리가 돌아간다.

[10] 박새의 추억

우만조 죽 칠년생

우리집에서 박새를 한 마리 키웠습니다.

매우 익숙해져서 내 손에서 먹이를 먹을 정도가 되었습니다.

그것이 불쌍하게도 어느 날 밤 쥐에게 발가락을 물려버렸습니다.

얼마나 울었을까요? 집 식구들은 아침까지 알지 못하였습니다.

상처를 봐주려고 생각해서 내가 새장 문을 열자 박새는 뛰어나와서 대나무 울타리 위에 앉았고, 그리고 뒷산으로 가버리고 말았습니다.

이것은 내가 7살 때였습니다. 지금도 박새의 소리를 들으면, 아직 그 새가 살아있는 것일까? 다리 상처는 어떻게 되었을까?하고 생각하게 됩니다.

[11] 오에산

강귀 々도 천자님 、 강 나무 우거지다 낮 길 깊다 계곡 건너다 나아가다	오에산에 슈텐동자(酒呑童子)라는 괴물이 있어서, 때때로 도읍에 나와서는 물건을 훔치거나, 여자나 아이들을 끌고 가거나 하였습니다. 도읍은 야단법석이었습니다. 천자님은 매우 걱정이 되셔서, 라이코라는 훌륭한 대장에게 슈텐동자를 퇴치하도록 명령하셨습니다. 그래서 라이코는 5명의 강한 부하를 데리고, 수행자 모습을 하고 갔습니다. 오에산에 와서 보니, 괴물이 사는 곳만 큰 나무가 울창하고 무성하게 자라서 낮인데도 매우 어두워 정말로 굉장히 험악한 산이었습니다. 그러나 모두 강한 사람들이었기 때문에 꿈쩍도 하지 않고 험난한 산길을 오르거나 깊은 계곡을 건너서 점점 깊게 나아갔습니다. 조금 가자, 커다란 바위가 있었는데, 그 옆에 한 할아범이 서 있었습니다. 그리고 "당신은 라이코님이 아닙니까? 나는 오늘 당신이 이곳에 온다고 들어서 기다리고 있었습니다.

술 약하다 인간	이 술은 괴물이 마시면 약하게 되고, 인간이 마시면 강하게 되는 이상한 술입니다. 이것을 가지고 가서 괴물을 퇴치해 주세요."
	라고 말하며 하나의 항아리를 건네주었습니다. 라이코는 기뻐하며 그 항아리를 받았습니다.
기쁘다 받아들이다 젊다	더 전진해 나가자 이번에는 계곡에서 한사람의 젊은 여자가 훌쩍훌쩍 울며 빨래를 하고 있었습니다. 라이코가 이상하게 생각하여,
	"왜 울고 있습니까?"
묻다	하고 물어보자 여자는,

죽이다	"나는 도읍 사람입니다만, 괴물에게 붙잡혀 여기에 왔습니다. 언제 죽임을 당할지 모릅니다. 그것이 슬퍼서 울고 있는 것입니다."
	하고 말했습니다. 라이코는
	"나는 천자님의 명령을 받아서 그 괴물을 퇴치하러 왔습니다. 괴물이 있는 곳은 어디입니까? 안내해 주세요."
	하고 말하자, 여자는 매우 기뻐하며,
	"어머나, 뭐라고 감사해야 할지. 부디 괴물을 물리치고 저희를 구해주세요."
먼저	하고 말하고 먼저 일어나 길 안내를 하였습니다.
철 파수꾼	얼마 지나지 않아, 건너편에 커다란 철문이 보였습니다. 그 옆에 괴물 파수꾼이 철봉을 가지고 서 있었습니다. 라이코는 그곳에 가서,
곤란	"우리들은 수행자입니다만 길을 잃어 곤란합니다. 부디 하룻밤 재워주세요."
	하고 말하였습니다.

	괴물 파수꾼은 한번 안쪽에 들어갔습니다만, 다시 나와서 라이코를 슈텐동자가 있는 훌륭한 저택으로 데리고 갔습니다.
	슈텐동자는 부하 괴물들을 모두 불러 모아서 술잔치 중이었습니다. 라이코 무리가 들어오는 것을 보자, 커다란 눈으로 흘끔 노려보았습니다만,
쉬다	"수행자들을 묵게 하자, 푹 쉬도록 해."
	하고 말했습니다. 라이코는
들판	"고맙습니다. 우리들은 매일 들판이나 산에서만 자
밤	고 있었습니다만, 오늘 밤은 덕분에 푹 쉴 수 있겠습니다. 마침 술잔치가 한창인 듯합니다만, 나도 좋은 술을 가지고 있습니다. 한잔 마셔주세요."
	하고 말하고, 할아버지에게 받은 술을 꺼냈습니다. 슈텐동자는 한입 마셔보더니 지금까지 마신 적이 없는 듯한 맛있는 술이었기 때문에,
	"이것 맛있네. 이것은 좋은 술이다."
	하고 말하고 벌컥벌컥 마셨습니다.

밖 차례	밖의 괴물들도 차례로 많이 마셨습니다. 그 사이에, 이상한 술의 효과가 나타나서 슈텐동자는 점점 기운이 없어지고 결국은 나른해져 잠들고 말았습니다. 밖의 괴물들도 저기에 두 마리, 여기에 세 마리 데굴데굴 쓰러지고 말았습니다. 이 모습을 본 라이코무리들은
몸차림	가지고 온 갑옷과 투구를 꺼내서 몸차림을 하였습니다.
뽑다 자르다	라이코는 슈텐동자를 불러 깨워 칼을 뽑아 "에이!"하고 일제히 그 목을 잘랐습니다. 그런데 목은 날아올라 입에서 불을 내뿜으며 라이코의 머리에 달려들며 물려고 하였습니다.

하지만 라이코의 기세에 눌려서 그대로 떨어지고 말았습니다.
이 소동에 밖의 괴물들이 잠에서 깨어 달려들었습니다만, 라이코 6명에게 모두 죽임을 당하고 말았습니다.
그래서 라이코는 슈텐동자의 커다란 목을 부하들에게 짊어지게 해서 납치되어 온 여자와 아이들을 데리고 무사히 도읍에 돌아왔습니다.

[12] 햇님과 바람

들	여행자가 들판을 걷고 있었습니다. 바람이 발견하고
ぬ	햇님에게 말하였습니다.
	“저 여행자의 외투를 누가 벗기는지 경쟁하자.”
	“그것 재밌겠다”
	햇님은 웃으면서 말했습니다.
불다	난폭한 바람은 있는 힘껏 바람을 불었습니다.
	여행자는 갑자기 차가운 바람이 불었기 때문에 외투의
갑자기 춥다	옷깃을 세웠습니다. 바람은 “이래도 안 벗을 거야?”하
	고 전보다도 심하게 바람을 불었습니다.
여행	그러나 여행자는 바람이 불면 불수록 단단히 외투를
	여몄습니다.
	“이번에는 내가 해 보지.”
얼굴 보내다	하며 햇님은 구름사이에서 얼굴을 내밀고 따뜻한 빛을
	보냈습니다. 여행자는
	“어? 갑자기 좋은 날씨가 되었네.”
	라며 외투의 단추를 풀었습니다.
	그런 가운데 점점 더워져서 여행자는 결국 외투를 벗
	고 말았습니다.

[13] 숙모의 공부

공부	학교에서 돌아오니 숙모가 큰 목소리로 책을 읽고 계
	셨습니다.
	“숙모, 다녀왔습니다.”라고 인사하자
	“어서 오렴, 오늘은 빨리 왔네.”하고 말하였습니다.
여름	숙모가 집에 오신 것은 여름 방학 전이었습니다. 국어
	를 조금도 할 수 없어서 “힘들어, 힘들어.”하고 말버릇
	처럼 말했었습니다.
월	9월 초였습니다. 어머니들이 학교에서 모여서 국어 공
	부를 하게 되었습니다. 어머니가 권유해서 숙모도 야
다니다	학에 다니게 되었습니다.
	그리고 숙모는 잠시도 쉬지 않고 열심히 다니고 계십
안쪽	니다. 어젯밤, 일본에 가 계신 아버지에게서 전보가 왔
교 20일	습니다. 전보는 ‘20일 아침 돌아감. 아버지’였습니다.
	숙모가 보시고는,
	“교코, 아버지가 20일 아침 돌아온다네.”
	하고 말하였습니다.
	어머니가 들으시고,
	“잘 알았네요.” 하고 감탄하셨습니다.

[14] 주사

창가	창가 시간이 끝나자 선생님이,
사이 해 서 받자	"오늘부터 강당에 가서 장티푸스 예방주사를 받자"
	하고 말씀하셨다.
줄서다	복도에 줄 서서 있자 3학년 학생들이 돌아왔다. 신키치가 작은 소리로,
	"조금도 아프지 않았어."
	하고 말했다.
옆 입다	강당에 가서, 일렬로 줄을 섰다. 하얀 가운을 입은 의사
책상	선생님이 책상 옆에 앉아 계셨다.
	고바야시 선생님이 알코올로 팔뚝을 닦아 주셨다. 시원해지는 좋은 기분이었다.
	얼마 되지 않아 구니오부터 시작했다. 바늘을 찔렀는가 하면 바로 끝났다. 선생님이 재빠르게 반창고를 붙이셨다.
고타로	다음은 고타로의 차례였다. 무서운 듯 목을 움츠리자 의사 선생님이,
군대	"그런 겁쟁이로는 병사가 될 수 없어요."
	하고 말씀하셨다.

신	고타로가 끝나자 고이치도 신키치도 맞았다. 산로가,
나	"우리 형은 열이 났어."
	하고 말하자, 모두가 시끌시끌 말하기 시작했다.
	선생님이,
하면	"떠들면 입에도 주사를 놔줄 거야."
	하며 웃으며 말씀하셨다.
다미지	나는 조금 걱정이 되어왔다. 뒤에서 다미지가,
	"유키치, 이번에는 네 차례야."
	하고 말했다.

	"더 이쪽으로 오렴."
끌다	의사 선생님은 상냥하게 나의 손을 끌었다.
	"그렇게 힘을 주지 말고."
	이렇게 말씀하신 것과 동시에 콕하고 바늘을 찔렀다.
	나도 모르게 옆을 쳐다보았다.
	"아프지 않았지?"
	의사 선생님이 웃으시면서 말씀하셨다.
	가만히 보니 주사 자국이 조금 부풀어 있었다.

[15] 형의 입영

입영	오늘은 형이 입영하는 날입니다.
청년 옷	형은 청년학교 복장으로 옷을 갈아입었습니다. 옆에서
	어머니가 무엇인가 잊어버린 것은 없는지 여러 가지
	챙기고 계셨습니다. 그곳에 아버지가 들어오셔서,
	"준비는 되었니?"
	하고 말씀하시자,
	"예, 완전히 끝났습니다."
답	하고 형이 대답했습니다.
근처	좌석에는 친척이나 이웃 사람들이 모여서 활기차게 이
	야기를 하고 있습니다. 8시가 되어서 모두 모여 밖으로
	나갔습니다. 마을 수호신에게 참배하고 그리고 정차장
	으로 갔습니다.
정차장 마을 군인	정차장에는 촌장님, 교장 선생님, 재향군인, 청년단, 청
	년학교 사람들이 많이 모여있었습니다. 형을 보더니,
	"축하해", "축하해"
	하고 말했습니다.
	형은 웃으며 모두에게 인사를 하였습니다.
	얼마 있자 기차가 왔습니다.

	형은 씩씩한 목소리로,
	"그럼 다녀오겠습니다."
기 타다	하고 인사를 하고 기차에 탔습니다.
	내가 큰 소리로,
	"형 잘 가."
	하고 말하자, 아버지도 따라서
	"잘하고 와라."
	하고 말씀하셨습니다.
	기차는 조용히 움직이기 시작했습니다.
	"만세! 만세!"
	모두 열심히 외쳤습니다.
	형은 기차 창가에서 얼굴을 내밀고 몇 번이나 모자를 흔들었습니다.

[16] 참새

	나뭇가지에
<u>마리</u>	참새가 세 마리
내리다	눈이 나풀나풀
	내리고 있네

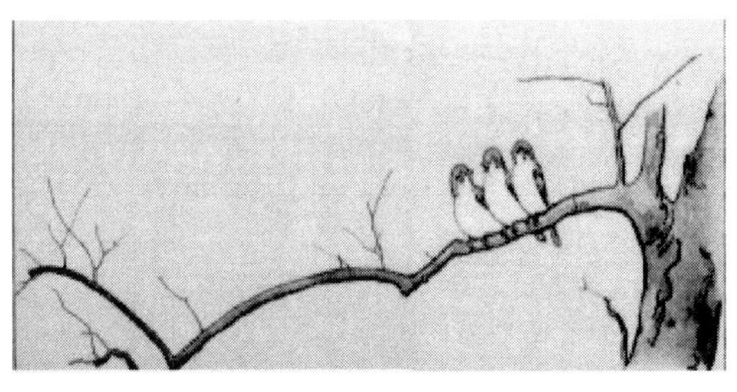

피	찰싹 붙어
맞대다	몸을 맞대고
	줄지어 선 참새
	세 마리의 참새
	너의 집은
	어디에 있니?
	빨리 돌아 가렴
	날이 저문다

[17] 신년 글쓰기

조 정월 2일 시작 적다 붓 먹 종이 글자	정월 이튿날에 새해 글쓰기를 하였습니다. 처음으로 내가 적었습니다. 글씨본의 "일본 제일의 산"이라는 것을 적었습니다. 붓에 듬뿍 먹을 묻혀서 종이로 가져갔습니다. 왜인지 가슴이 두근두근하였습니다. 마음먹고, '일(日)'이라는 글자를 적었습니다. 조금 비뚤어져서, "아버지, 다시 적어도 괜찮습니까?" 하고 여쭈었더니, "그래, 끝까지 적어보렴." 하고 말씀하셨습니다. 

	다 적고 나서 보여드렸습니다. 아버지는,
	“잘 적었구나. 그런데 가나가 조금 작구나. 마음을
장	침착하게 해서 한 장 더 적어봐라.”
가르치다	하고 말씀하셔서 ‘야’ 글자의 쓰는 법을 가르쳐 주셨
	습니다.
칭찬받았습니다	두 번째는 매우 잘 썼다고 칭찬받았습니다.
남동생	내가 쓴 다음에 남동생이 적었습니다. 그리고 아버지
	가 긴 종이에 어려운 한자만 14장을 적으셨습니다.
	모두 끝나서 방 벽에 붙였습니다.
	그때 어머니가 오셔서,
준	“유키치도 준코도 매우 잘 썼구나.”
	하고 칭찬해 주셨습니다.

[18] 흰 토끼

토끼 땅	섬에 있던 흰 토끼가 건너편 땅에 가보고 싶다고 생각하였습니다.
	어느날 해변에 나와 보니 무서운 상어가 있어서,
동료 많다	"너희들 동료와 나의 동료 중 어느쪽이 많은지 비교해보자."
	하고 말했습니다. 상어는,
	"그것 참 재밌겠구나."
데려오다	하고 바로 동료들을 많이 데리고 왔습니다.
	흰 토끼는 그것을 보고,

지다
등
할 지 도 모른다

"과연 너희들은 상당히 많구나. 이러면 우리 쪽이 질지도 모르겠다. 너희들 등위를 걸어서 세어볼테니 건너편 땅까지 줄을 서 봐."

하고 말하였습니다.

무서운 상어는 흰 토끼가 말하는 대로 줄을 섰습니다.

흰 토끼는 "하나, 둘, 셋, 넷"하고 세면서 건너갔습니다.

하지만 육지에 올라갈 한걸음이 남았을 때,

"너희들은 잘도 속아주어서 나는 여기로 건너왔다. 하하하"

하고 말하며 웃었습니다.

털

아프다

무서운 상어는 그것을 듣자 매우 화가 났습니다. 가장 끝에 있던 상어가 흰 토끼를 잡아서 몸의 털을 모두 잡아 뽑아버렸습니다. 흰 토끼는 아파서 참을 수가 없었기 때문에, 해변에 서서 울고 있었습니다. 그때 많은 신들이 지나가다가,

"너는 왜 울고 있는 것이냐?"

하고 물으셨습니다.

	흰 토끼가 지금까지의 일을 말하자 신은,
	“그런 것이라면 바닷물을 끼얹고 자는 것이 좋다.”
	하고 말씀하셨습니다.
	흰 토끼는 바로 바닷물을 끼얹었습니다.
말하다	그러자 아픈 것이 더욱 심해져서 아무리 해도 참을 수
	가 없게 되었습니다.
	그곳에 오쿠니누시노미코토라는 신이 오셨습니다.
	이분은 조금 전에 지나가셨던 신의 동생입니다. 형의
주인	무거운 자루를 지고 계셨기 때문에 늦게 오신 것이었
형 무겁다	습니다. 오쿠니누시노미코토도,
	“너는 왜 울고 있는 것인가?”
	하고 물어 오셨습니다. 흰 토끼는 울면서 다시 지금까
	지의 일을 말씀드렸습니다.
	오쿠니누시노미코토는
	“불쌍하게도, 빨리 강물로 몸을 씻고 부들의 열매를
	깔고 그 위를 구르는 것이 좋다.”
	하고 말씀하셨습니다.

뒤

흰 토끼가 그대로 하자, 몸은 바로 원래대로 되었습니다. 기뻐하며 오쿠니누시노미코토에게,

"덕분에 완전히 나았습니다. 당신은 정이 깊으신 분입니다. 그래서 나중에는 꼭 훌륭한 분이 될 것입니다."

하고 말하였습니다.

흰 토끼가 말한 대로 오쿠니누시노미코토는 그 후 훌륭한 분이 되었습니다.

[19] 마메마키

콩 쎄쓰분 올해	오늘은 입춘 전날인 세쓰분(節分)으로 콩뿌리기의 날입니다. "올해부터 너가 뿌려라"하고 아버지가 말씀하셔서 나는 기쁘기 그지없었습니다.
바치다	어머니는 콩을 많이 볶아서 됫박에 넣어 가미다나에 바쳤습니다. 나는 빨리 밤이 되면 좋겠다고 생각했습니다.
요시	점점 어둡게 되자 이쪽에서도 저쪽에서도 콩뿌리기 하는 소리가 들립니다. 아버지가, "요시오, 우리도 슬슬 시작해 볼까?"
내리다	하고 말씀하시며 가미다나에서 됫박을 내려주셨습니다.

안 복	나는 조금 창피했지만, 큰맘먹고 "복은 안으로, 귀신은 밖으로" 하고 목소리를 높여 콩뿌리기를 하였습니다.
으로	여러 방으로 뿌리고 다니자, 여동생과 남동생이 뒤에서 따라오며 "꺄악- 꺄악" 하며 소란스럽게 콩을 주웠습니다.  나도 재미있어져서, 점점 큰 목소리로 외치며 콩을 뿌렸습니다. 그러던 중 깜박하고 "귀신은 안으로, 복은 밖으로"하고 말하는 바람에 모두가 와-하고 웃었습니다. 결국 툇마루에 나와서 "귀신은 밖으로, 귀신은 밖으로" 하고 말하며 콩을 마당을 향해 위세 좋게 뿌리자 어머니가 덧문을 탁하고 닫으셨습니다.

그리고 모두가 콩을 나이의 수만큼 먹었습니다.

어머니는,

"이것으로 정말 한 살씩 먹었구나. 이제부터 더 열심히 공부해야만 한다."

하고 말씀하셨습니다.

[20] 세 개의 항아리

옛날	옛날, 어느 마을에 진순이라는 오빠와 화향이라는 여동생이 있었습니다. 아버지와 어머니가 일찍 돌아가셔서 두 사람은 서로 도우며 사이좋게 살고 있었습니다. 어느 날 밤의 일입니다. 진순은 여동생의 비명 소리에
모습	잠이 깨었습니다. 무서운 산 사나이가 여동생을 끌고 가려는 중이었습니다. 진순은 깜짝 놀라서 쫓아 갔습니다. 그러나 산 사나이의 걸음에 따라갈 수 없었습니다. 점점 멀어져 결국 산 사나이의 모습을 놓쳐버리고 말았습니다.
마음 뒤 쫓다	여동생을 찾으려는 일심으로 진순은 산 사나이의 뒤를 쫓아 점점 산 속으로 들어갔습니다. 산은 점점 깊어져서 주위에는 커다란 나무가 울창하고, 높은 나무의 가지에는 바람이 쓸쓸하게 불고 있었습니다. 험난한 산길을 돌고 돌아가는 중에 큰 바위가 있는 곳에 왔습니다.

바위

은

그러자, 바위 뒤에서 한 할아버지가 나왔습니다. 머리도 수염도 은처럼 새하얀 할아버지였습니다.

할아버지는 진순을 보자, 웃으시면서

"정말 건강하다. 감탄했다."

하고 말하였습니다.

상냥한 할아버지의 격려에 진순은 완전히 기운이 났습니다. 그리고 더욱 나아가려고 할 때였습니다.

"잠깐 기다려라."

하고 할아버지가 불러서 멈춰 세웠습니다.

할아버지는 가슴속에서 하얀 작은 항아리를 꺼내었습니다. 그리고

"이것을 줄 테니, 혹시 곤란한 일이 생기면 내던져라"

하고 말씀하셨습니다.

진순은 이상하게 생각하며 받았습니다.

그리고 할아버지는 파란 항아리와 붉은 항아리를 꺼내어

"그래도 더욱 곤란해지면 처음에 파란 것을, 다음으로 붉은 것을 내 던져라."

하고 말하고 건네주셨습니다.

머리를 드니 벌써 할아버지의 모습은 보이지 않았습니다. 진순은

"아! 저분은 신이 틀림없다."

하고 생각하며 매우 기뻐했습니다.

진순은 세 개의 항아리를 가지고 점점 산 속 깊은 곳으로 전진해 나갔습니다.

조금 가자, 커다란 바위 동굴이 나왔습니다.

동굴	안을 들여다보니 산 사나이가 '드렁- 드르렁-' 코를 골면서 잠들어 있었습니다. 옆에서 여동생 화향이가 울고 있었습니다. 진순은 '옳다 됐다'하고 자신도 모르게 혼잣말을 하였습니다. 진순은 잠시 안의 상태를 살펴보고 있다가 이윽고 여동생을 데리고 나왔습니다.
도망치다	"자- 필사적으로 도망가자" 두 사람은 정신없이 달렸습니다. 얼마 지나지 않아 산 사나이가 쫓아 왔습니다. 두 사람은 필사적으로 도망쳤습니다. 하지만 달려도 산 사나이에게는 이길 수가 없습니다. 점점 따라붙어서 금방이라도 잡힐 듯이 되었습니다. 진순은 "지금이다" 하고 산 사나이를 향해 하얀 항아리를 내 던졌습니다. 보고 있는 동안에 커다란 강이 생기더니 몹시 요란한 소리를 내며 흘러 내려왔습니다.

	귀신같은 산 사나이도 강을 건널 수 없었습니다.
	그 사이에 두 사람은 멀리 도망갔습니다. 하지만 두 사람은 점차 지쳐서 생각대로 달릴 수가 없었습니다.
금방이라도	그 사이에 다시 따라붙어 잡힐 듯이 되었습니다.
던지다	이번에는 파란 항아리를 내 던졌습니다. 그러자 길 가득히 가시나무가 무성해졌습니다.
	산 사나이는 가시나무에 걸려서 몸부림치고 있었습니다. 진순은 산사나이를 향해서 붉은 항아리를 내던졌습니다.

단지는 바로 불이 되어 가시나무의 덤불에 불이 붙어 번졌습니다. 산 사나이는 보고 있는 동안에 불에 휩싸이고 말았습니다.

그 사이에 진순과 화양은 점차 달려서 무사하게 집으로 도망쳐 올 수 있었습니다.

[21] 히나마쓰리

	새빨간 양탄자, 주홍색 양탄자
	금색 병풍에 다이리님[1]
궁녀	5명의 피리, 북, 징의 반주자들, 궁녀들
복숭아	귀여운 등롱, 복숭아꽃
	아라레[2], 히시모찌[3],
	하얀 탁주
	바치는 오늘은 히나
	마쓰리
	친구들을 불러 활기
	차게
	이야기를 하거나,
노래	노래 부르네.
	오히나님도 기쁘겠지.

1) 다이리님(内裏様): 히나마쓰리의 단의 상단에 앉는 남자 인형과 여자 인형을 말한다.

2) 아라레(あられ): 쌀로 만든 작은 콩처럼 만든 과자

3) 히시모찌(ひし餅):치자나무와 능실의 열매, 쑥을 사용한 떡을 삼색으로 먹음으로써 여자아이가 건강하게 성장하기를 기원하는 떡.

[22] 북풍과 남풍

북풍	북풍과 남풍은 매우 사이가 나쁜 듯 합니다.
겨울	겨울 동안은 차가운 북풍이 쌩쌩 마구 붑니다. 그래서
~하거나	눈이나 싸라기를 뿌리거나 물을 얼게 합니다.
따뜻함 만들다 얼음	
	하지만, 북풍이 조금 방심하고 있으면 따뜻한 남풍이
	살짜기 찾아옵니다.
연못	그리고 북풍이 만든 설산이나 얼은 연못을 조금이라도
	녹이려고 합니다. 그러면 북풍은 바로 남풍을 쫒아버
	립니다.
끝 가까이	이런 것을 몇 번이고 반복하는 사이에 겨울 끝으로 가
	까워져 옵니다.

반 잠들다

그리고 지금까지는 반은 잠들어 있는 듯이 약한 빛을 내고 있던 햇님이 점점 따뜻한 빛을 보내게 됩니다. 이렇게 되면, 남풍은 이전처럼 지고 있지만은 않습니다.

"북풍, 너는 이제 북쪽 나라에 돌아가 버려."

하고 남풍이 말합니다.

그러면 북풍은,

"뭐? 아직 너가 나올 때가 아니야. 나는 다시 한번 너를 쫓아내고 들판과 산을 새하얗게 해줄거야."

하고 대답합니다.

	그리고 있는 힘을 다 내어 남풍을 내쫓습니다. 들판과 산은 아직 눈으로 새하얗게 됩니다.
서리 풀	하지만 남풍은 바로 기운을 회복합니다. 그리고 남쪽 나라에서 많은 동료들을 데리고 와서 북풍을 죽죽 쫓아냅니다. 눈도, 서리도, 얼음도 한쪽 끝에서부터 녹아서 들판이나 산을 따뜻하게 합니다. 따뜻한 비를 몇 번이나 내리게 합니다. 그러면 풀이나 나무가 점점 새싹이 움트고, 꽃봉오리가 부풀어 오릅니다.
	남풍은 말합니다.
보여줄게	"북풍이 서리나 눈으로 야산을 새하얗게 한 대신에 나는 빨간 꽃이나 초록 어린 풀로 야산을 장식해 보여줄게."

[23] 연못의 붕어

붕어가 연못 아래에서 봄을 기다리고 있었습니다.
어느 날, 문득 보니, 머리 위가 희미하게 밝아 보였습니다. 붕어는 '어'하고 놀라서 밝은 쪽으로 헤엄쳐 갔습니다.

"야-천정이 깨져 있어. 큰일났다. 큰일"

붕어는 큰 소리로 말하였습니다.

잉어가 놀라서 다가왔습니다.

"붕어야, 왜 소란스러운 거야?"

"잉어야, 큰일났어. 저기 천정이 깨져 있어."

잉어는 조용히 올려다 보았습니다. 정말 머리 위가 희미하게 밝아져 있었습니다.

"붕어야, 걱정하지 않아도 돼. 봄이 되어 얼음이 녹기 시작한 것이야."

잉어는 친절하게 가르쳐 주었습니다.

봄이 되었다는 말을 듣자 붕어는 너무나 기뻤습니다. 꼬리와 지느러미를 움직여 넓은 연못 가운데로 헤엄쳐 다녔습니다.

바닥
봄
밝다
헤엄치다
깨지다
잉어
걱정
꼬리
넓다

[24] 후지산

후지	 머리를 　구름 위에 내놓고 사방의 산을 　내려다보고 천둥소리를 　밑으로 듣는다 후지는 　일본 제일의 산 파란 하늘 높이 　우뚝 솟아

온 산에
　눈
　옷을
　입고
안개
　옷자락을
　멀리까지 끄는
후지는
　　일본 제일의 산

[25] 날개옷

	하얀 해변의
옷	소나무 벌판에
	파도가 밀려왔다
밀려오다 돌아가다	돌아가네
	갈매기 훨훨
	날아가네
	하늘에 희미하게 보이는
	후지산
	한 사람의 어부가 미호(三保)의 소나무 벌판에 나왔습니다
	어부 "아, 좋은 날씨다. 그리고 얼마나 좋은 경치인가!"
	경치에 넋을 잃고 걷고 있자니, 어디선가 좋은 냄새가 났습니다. 문득 보니 건너편 소나무 가지에 뭔가 아름다운 것이 걸려 있었습니다.
	어부 "어, 저것은 무엇이지?"
	어부는 근처에 가 보았습니다.

	어부 "옷이다! 이런 아름다운 옷은 아직까지 본 적이 없다. 가지고 돌아가 집에 보물로 삼아야지."
뒤	어부는 그 옷을 집어서 가지고 가려고 하였습니다. 그러자 그 소나무 뒤에서 한 여인이 나왔습니다.
	여자 "혹시 그것은 나의 옷이 아닙니까? 왜 가지고 가려는 것입니까?"
	어부 "아니, 이것은 내가 주운 것입니다. 가지고 가서 집의 보물로 삼으려고 생각합니다. "
소용	여자 "그것은 하늘의 날개옷으로 당신들에게는 소용이 없는 물건입니다. 부디 돌려주세요."
	어부 "하늘의 날개옷이라면 더욱 돌려드릴 수 없습니다. 일본의 보물로 삼겠습니다."
	천인 "그것이 없으면 나는 하늘로 돌아갈 수 없습니다. 부디 돌려주세요."
	어부 "아니, 안되요. 돌려줄 수 없어요."
	어부는 아무리 해도 돌려주지 않습니다. 천인은 슬픈 얼굴을 하고 가만히 하늘을 올려다 보았습니다.

	천인의 풀죽은 모습을 보고 어부도 불쌍하게 생각되었습니다.
슬프다	어부 “너무 불쌍해서 날개옷을 돌려드릴게요.”
	천인 “그것 참 감사합니다. 그러면 이쪽에서 받을게요”
	어부 “잠깐 기다리세요. 그 대신에 천인의 춤을 보여주지 않겠습니까?”
	천인 “덕분에 하늘로 돌아갈 수 있습니다. 답례로 춤을 보여드릴게요. 하지만 그 날개옷이 없으면 춤을 출 수 없습니다. ”
	어부 “그렇게 말하고 날개옷을 돌려주면 당신은 춤추지 않고 가버리고 말겠지요.”
	천인 “아니예요. 천인은 결코 거짓말을 하지 않아요.”
	어부 “아! 창피한 말을 하였군요.”
	어부는 날개옷을 돌려주었습니다. 천인은 그것을 입고 천천히 춤을 추기 시작하였습니다.

	천인 "달 속 궁전에 사는 천인이 검은 옷을 맞춰 입고 춤추면 달은 새까만 어둠의 밤 달 속 궁전에 사는 천인들이 하얀 옷을 맞춰 입고 춤추면 달은 15일 밤 둥근 달"
어둡다 밤	
둥글다	천인은 춤을 추면서 점점 하늘로 날아올라 갔습니다.

오른쪽으로 왼쪽으로
하느작하느작
움직이는 소맷자락의
아름다움.

하얀 해변의
소나무 들판에
파도가 밀려오고
돌아가네

어느새인가
천인은
봄 안개에
휩싸이고

갈매기 훨훨
날아가네
하늘에는 어슴푸레한
후지산

식 조 선 궁 습 자 우 여 소 성 만 죽 강 귀 도 요 양 강

(式)(朝)(鮮)(宮)(拾)(者)(友)(女)**(消)**(聲)(晩)(竹)(江)(鬼)(都)(夭)(樣)(强)

주 도 심 곡 도 진 주 약 희 수 약 심 살 철 번 병 곤 휴

(晝)(道)(深)(谷)(渡)(進)(酒)(弱)(喜)(受)(若)(尋)(殺)(鐵)(番)(兵)(困)(休)

야 야 차 신 발 절 낙 원 취 급 한 여 안 송 면 하 내 경

(野)(夜)(次)(身)(拔)(切)(落)(原)(吹)(急)(寒)(旅)(顔)(送)(勉)(夏)(內)(京)

창 가 병 열 착 궤 효 **랑 대** 신 복 민 치 인 영 복 답 근

(唱)(歌)(竝)(列)(着)(机)(孝)(郞)**(隊)**(信)(僕)(民)(治)(引)(營)(服)(答)(近)

정 장 군 기 승 강 합 정 시 서 필 묵 지 자 매 교 제 순

(停)(場)(軍)(汽)(乘)(降)(合)(正)(始)(書)(筆)(墨)(紙)(字)(枚)(教)(弟)(順)

토 육 중 다 연 부 배 모 통 신 주 형 중 후 두 절 분 공

(兎)(陸)(仲)(多)(連)(負)(背)(毛)(痛)(申)(主)(兄)(重)(後)(豆)(節)(分)(供)

양 복 석 자 심 추 은 혈 도 투 포 관 도 북 남 동 난 작

(良)(福)(昔)(姿)(心)(追)(銀)(穴)(逃)(投)(包)(官)(桃)(北)(南)(冬)(暖)(作)

빙 지 종 반 면 상 초 저 춘 명 영 파 리 배 미 광 부 사

(氷)(池)(終)(半)(眠)(霜)(草)(底)(春)(明)(泳)(破)(鯉)(配)(尾)(廣)(富)(士)

의 기 반 용 비 흑 원

(衣)(寄)(返)(用)(悲)(黑)(圓)

끝

昭和十五年九月二十五日翻刻印刷
昭和十五年九月二十八日翻刻發行

初等國語四
上

定價金十八錢

著作權所有

著作兼發行者 朝鮮總督府

京城府大島町三十八番地
翻刻發行兼印刷者 朝鮮書籍印刷株式會社
代表者 井上主計

發行所 京城府大島町三十八番地
朝鮮書籍印刷株式會社